Das große Buch der
PYRAMIDEN

Anne Millard

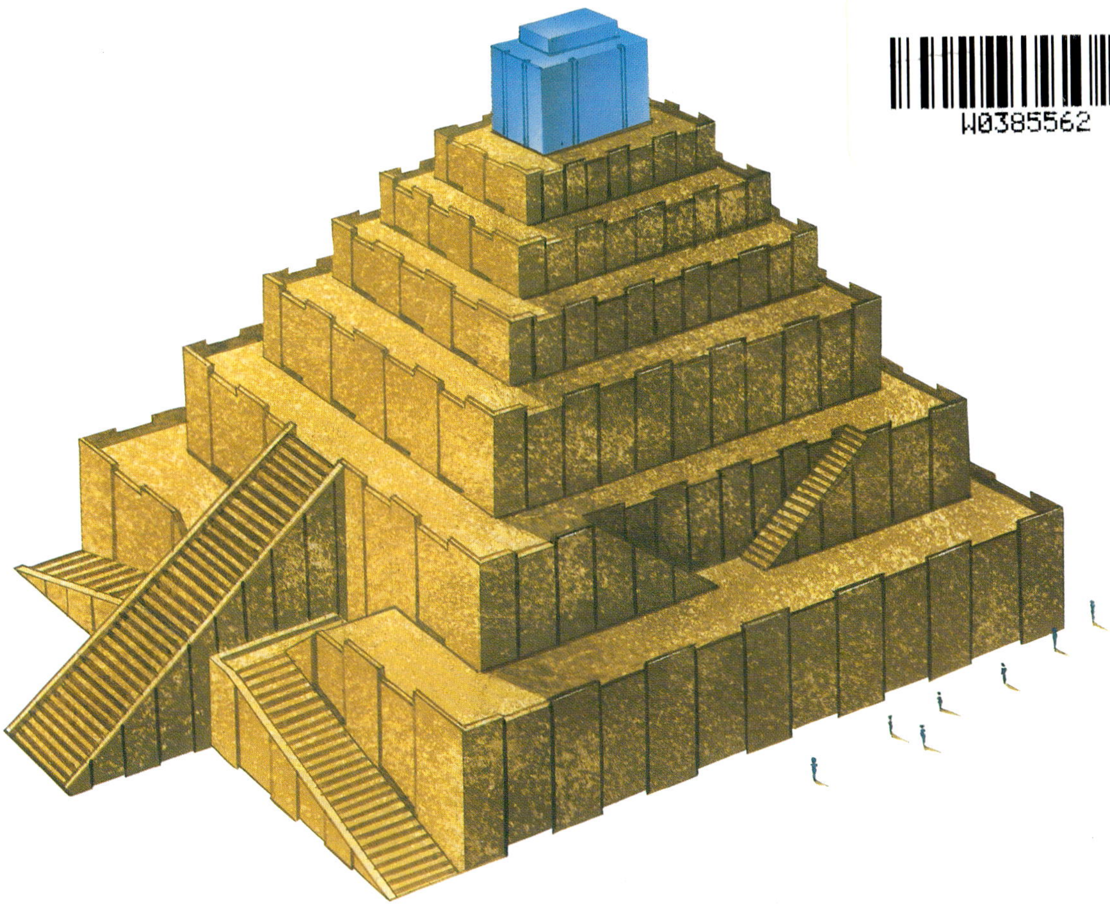

Tessloff Verlag

Aus dem Englischen von Philip Stuhlmann

ISBN 3-7886-0519-7

Autorin: Anne Millard
Berater: Georges Hart
Herausgeberin: Molly Perham
Gestaltung: John Jamieson
Satz von Karin Ambrose und Tracey McNerney
Bildrecherche: Su Alexander

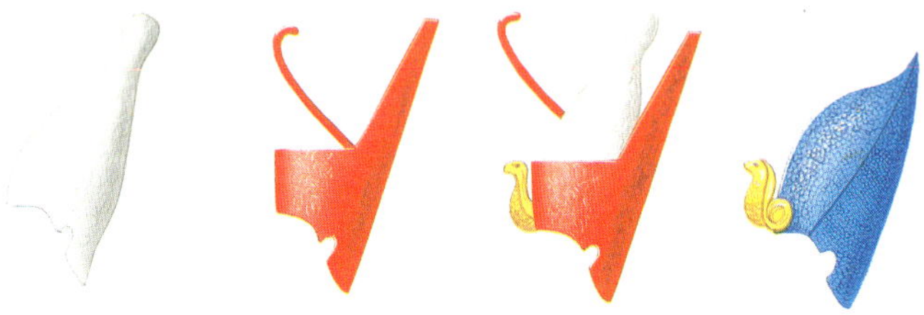

INHALT

3500	3000	2500	2000	1500
Vordynastische Zeit	Archaische Zeit	Altes Reich	Mittleres Reich	Neues Reich

DIE PYRAMIDENZEIT

Ägypten ist ein sehr altes Land. Das mächtige Reich entstand vor rund 5000 Jahren und wurde über 3000 Jahre lang von seinen Königen regiert. Die ägyptische Geschichte wird in mehrere Epochen unterteilt. Die drei größten waren das Alte, das Mittlere und das Neue Reich. Im Alten Reich bauten die Ägypter gewaltige Grabmäler aus Stein, die Pyramiden. Darum nennt man diese Epoche auch das Zeitalter der Pyramiden.

1000	500	v. Chr.	n. Chr.	500	1000	1500
Spätzeit	Griechisch-römische Zeit				Islamische Zeit	

Die Nilflut

Jedes Jahr trat der Nil über seine Ufer und überschwemmte vier Monate lang das Land. Das Wasser kam aus den südlichen Quellgebieten und transportierte nährstoffreichen Schlamm, der die Felder des Niltals fruchtbar machte.

Deiche schützten die Dörfer vor Überschwemmungen. In Kanälen und Gräben wurde das Wasser gespeichert und zur Bewässerung auf die Felder geleitet, sobald das Hochwasser zurückging. Üppige Ernten machten die Ägypter reich. Sie konnten es sich leisten, so gewaltige Bauwerke wie die Pyramiden zu errichten.

Für die alten Ägypter waren die drei wichtigsten Dinge im Leben der König, das Jenseits und der Nil. Ägypten ist ein sehr trockenes Land, wo es nur selten regnete. Das Wasser für Pflanzen, Tiere und Menschen brachte der Nil. Die Königspyramiden, die den Leichnam und die Grabbeigaben verstorbener Herrscher beherbergten, wurden am Westufer des Nils errichtet.

Der König

Vor der Vereinigung bestand Ägypten aus zwei Ländern. Das vergaßen die Ägypter nie und gaben ihrem Herrscher den Titel König von Ober- und Unterägypten. Das Volk wußte, daß sein König etwas ganz Besonderes war. Er stammte von Re, dem Sonnengott ab. Und wenn der König mit all den Zeichen seiner Macht auf dem Thron saß, erfüllte ihn der Geist des großen Gottes Horus, und er sprach dann als Gott auf Erden.

▲ Auf Reliefs und Malereien wurde der König oft zweimal dargestellt, als König von Oberägypten und als König von Unterägypten.

▲ Sobald ein neuer König den Thron bestieg, beauftragte er einen Architekten, unverzüglich mit dem Bau seines Grabmals zu beginnen.

Die Wahl des Bauplatzes
Das Reich der Toten lag im Westen, wo die Sonne untergeht. Darum suchte man für das Grabmal einen ebenen Bauplatz in der Westlichen Wüste. Die Bauarbeiten dauerten viele Jahre.

Königskronen
Die weiße Krone wurde in Oberägypten getragen, das im Süden lag. Die rote Krone gehörte zu Unterägypten im Nildelta. Die rotweiße Doppelkrone war das Symbol des vereinigten Ägyptens. Die blaue Krone war eine Art Kriegshelm, der erst von den Königen des Neuen Reiches getragen wurde.

Als Gott auf Erden wurde der König nach dem Tode genauso wie zu Lebzeiten verehrt. Sein Körper mußte erhalten werden, alles, was er im Jenseits brauchen würde, mußte vor Räubern geschützt werden, und seine göttliche Seele mußte zu den Göttern im Himmel auffahren. Für all dies war ein besonderes Grabmal wichtig – die Pyramide.

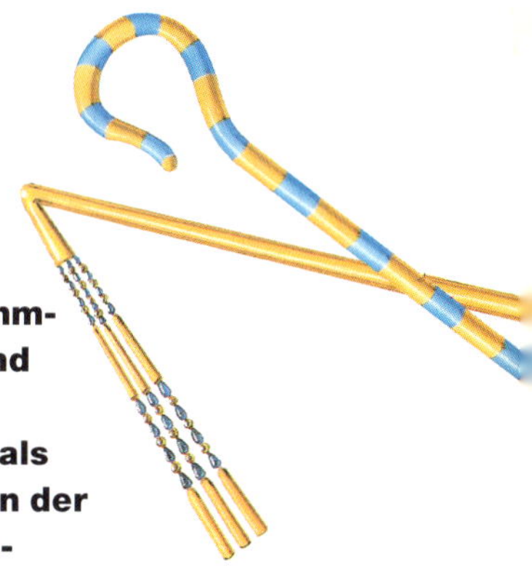

▸ **Krummstab und Geißel galten als Zeichen der Königsmacht.**

Das Volk

Ägypten wurde von Königshäusern, den Dynastien, regiert. Im Alten Reich herrschten die 3. bis 6. Dynastie. In der Rangordnung unter der Königsfamilie standen die Hofbeamten, Generäle und Hohepriester. Dann folgten die Schreiber, Verwaltungsbeamten, Priester und Priesterinnen, Ärzte, Ingenieure und Soldaten. Dem vierten Stand gehörten die Handwerker sowie die Klagefrauen, Tänzerinnen, Diener und Dienerinnen an. Die meisten Ägypter aber waren Bauern und Arbeiter.

◄ **Wir können uns die altägyptische Gesellschaftsordnung wie eine Pyramide vorstellen. An der Spitze stand der König. Erst später, im 1. Jahrhundert v. Chr., wurde der König als Pharao bezeichnet.**

Baks großes Abenteuer

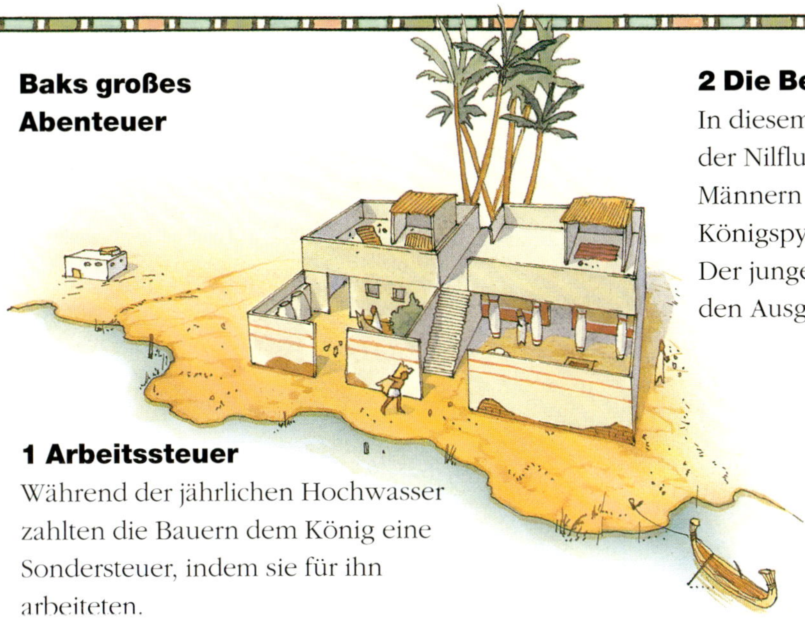

1 Arbeitssteuer

Während der jährlichen Hochwasser zahlten die Bauern dem König eine Sondersteuer, indem sie für ihn arbeiteten.

2 Die Beamten des Königs

In diesem Jahr wird zur Zeit der Nilflut je einer von zehn Männern zur Arbeit an der Königspyramide abgestellt. Der junge Bauer Bak gehört zu den Ausgewählten.

3 Die Unterkünfte

Bak hat sein Dorf noch nie verlassen. Er freut sich auf die Reise und auf die Hauptstadt Memphis. Er wird in einer Arbeitersiedlung in der Nähe der Pyramide wohnen.

4 Arbeitsmannschaft

Baks Arbeitsmannschaft nennt sich „Die Stärksten".

5 Mittagspause

Mittags, wenn es am heißesten ist, machen die Männer eine Pause. Jeder zehnte Tag ist Ruhetag.

6 Bezahlung

Die Männer werden mit Nahrungsmitteln, Bier, Öl und Leinen bezahlt. Bak tauscht sie in Memphis gegen Geschenke für seine Familie. Für den Rest seines Lebens wird Bak stolz darauf sein, daß er so viel gesehen hat und beim Bau der Königspyramide geholfen hat.

Facharbeiter und Schreiber

Während Steinbrucharbeiter und Hilfskräfte die riesigen Blöcke in die Höhe wuchteten, führten Facharbeiter die Feinarbeit an der Pyramide aus. Andere arbeiteten als Aufseher, Metallarbeiter, Steinmetze und Zimmerleute. Maler und Bildhauer verzierten die Wände der Tempel. Schreiber führten über alles Material Buch.

▶ Der Aufseher dieses Steinbruchs hat den schriftlichen Befehl erhalten, für die Königspyramide Kalksteinblöcke schneiden zu lassen. Jeder Block wiegt fast drei Tonnen. Die Männer hebeln sie mit Hilfe von Seilen und Balken an ihren Platz.

▶ Die Form des Blocks wird in den Stein geritzt. In die Rillen schlägt man mit einem Hammer Holzpflöcke. Dann werden die Pflöcke mit Wasser übergossen, damit das Holz aufquillt und das Gestein auseinanderbricht.

Metallarbeiter

Schon früh lernten die Äygpter, Kupfer und Gold zu verarbeiten. Sie fertigten daraus Geräte, Waffen und Schmuckstücke. Später stellten sie die härtere Bronze her, indem sie Kupfer mit Zinn verschmolzen. Im Neuen Reich kannten die Ägypter schon einen Blasebalg, der mit den Füßen betätigt wurde. Das geschmolzene Metall wurde in Schmelztiegel gegossen. Metallwerkzeuge waren sehr wertvoll. Die Aufseher verteilten sie täglich neu an die Arbeiter und notierten ihre ordnungsgemäße Rückgabe.

◀ Die Steinbrucharbeiter bewegen die Steinblöcke mit Seilen und Hebeln von der Stelle und stapeln sie bis zum nächsten Hochwasser am Ufer des Nils. Dann werden sie auf Lastkähne geladen, die sie zur Baustelle am anderen Ufer bringen.

▼ Die mit Hammer und Meißel rechtwinklig zugeschlagenen Blöcke werden einzeln gekennzeichnet.

Schreiber

Auf den überkreuzten Beinen hielt der Schreiber ein Brett, das ihm als Unterlage diente. Er schrieb mit einem Binsenpinsel auf einer Papyrusrolle. Seine Schreibpalette enthielt trockene Farbpasten und Schreibgeräte. Der Beruf des Schreibers war sehr angesehen, doch nur wenige Familien konnten sich die lange Ausbildung leisten, während der Hunderte von Hieroglyphen oder Bildzeichen, aus denen die Schrift der Ägypter bestand, erlernt werden mußten.

Reisen und Transporte

Die großen Mengen Steinblöcke, die man zum Bau einer Pyramide benötigte, wurden auf dem Wasserwege zum Bauplatz transportiert. Während der jährlichen Nilüberschwemmung konnte man so die Blöcke direkt an den Rand der Wüste bringen. Für den Bau der großen Schiffe, die den Nil oder das Meer befuhren, benutzte man Holz aus dem Libanon. Sie hatten sowohl Ruder als auch Segel. Die Ägypter trieben nicht nur in ihrem eigenen Land Handel, sondern auch mit den Ländern des östlichen Mittelmeerraums sowie Nubien und Punt. Ein großer Teil der Handelsgewinne wurden zum Bau der Pyramiden verwendet.

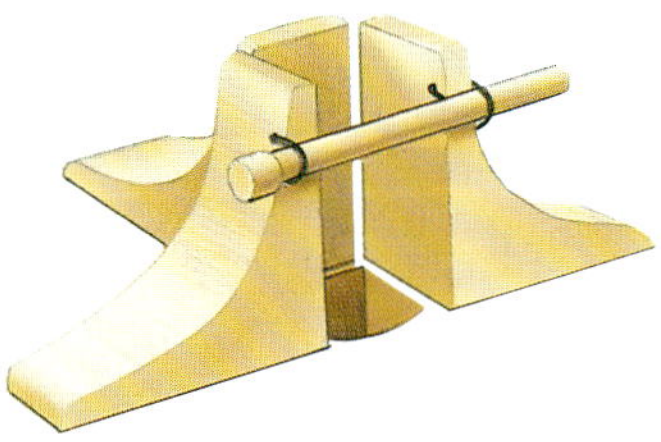

▲ In dieser Vorrichtung steckte der Mast.

Landtransport

Lasten trug man auf den Schultern und benutzte dazu oft eine Balancierstange, von der Körbe oder Gefäße herabhingen. Sperrige Güter wie Getreidesäcke wurden auf dem Eselsrücken befördert. Pferde wurden in Ägypten vor Beginn des Neuen Reiches nicht eingesetzt. Der Gebrauch des Kamels kam erst in der Spätzeit auf.

▲ Einfache Ägypter überquerten den Nil meist in Booten, die aus fest miteinander verbundenen Papyrusstengeln gebaut waren. Adlige gingen in solchen Booten auf Fisch- und Vogelfang sowie auf Krokodil- und Nilpferdjagd.

▼ An Land wurden Lasten wie die tonnenschweren Steinquader für die Pyramiden auf Holzschlitten geladen und von Rindern oder Arbeitern gezogen.

▲ Ägyptische Schiffe wurden mit einem oder zwei großen Rudern gesteuert, die am Heck befestigt waren. Die Ägypter waren die ersten, die Segel kannten.

Nach Norden ausgerichtet
Der Eingang zur Pyramide mußte genau nach dem Polarstern im Norden ausgerichtet sein. Dazu stellte sich ein Priester in die Mitte eines von einer runden Mauer umgebenen Platzes und erwartete den Aufgang eines Sterns. Die Stelle, an der dieser über der Mauer auftauchte, markierte er. Dann wartete er, bis der Stern unterging und markierte auch diese Stelle. Die Mittellinie des Winkels, der zwischen ihm und den beiden Punkten des Sternaufgangs und -untergangs gebildet wurde, zeigte genau nach Norden.

Priester und Götter

Die Ägypter verehrten Dutzende von Göttern und Göttinnen. Im Laufe ihrer langen Geschichte gewannen manche sehr an Ansehen, während andere in Ungnade fielen oder an Bedeutung verloren. Der König stand all diesen Kulten vor und die Priester, die er ernannte, mußten ihm dienen.

▲ Horus, der große Himmelsgott, den man mit dem König gleichsetzte. Seine Augen waren die Sonne und der Mond.

▲ Ptah, der Schöpfergott, erfand die Künste und schützte Handwerker und Künstler. Er war der Stadtgott von Memphis.

Seit frühesten Zeiten beobachteten ägyptische Priester die Sterne. Nach den Bewegungen von Sternen, Planeten und Sonne berechneten sie den ägyptischen Kalender. Auch die genaue Lage der Seiten einer Pyramide, die immer nach den vier Himmelsrichtungen ausgerichtet waren, bestimmten sie nach den Sternen.

Die Gründungszeremonie
In Begleitung einer Priesterin der Göttin Seschat grenzte der König den Bauplatz ein, indem er Pflöcke einschlug, um die er einen Strick spannte. Man weiß, daß dieses Ritual in späterer Zeit bei der Gründung von Tempeln durchgeführt wurde und nimmt an, daß es genauso bei der Gründungszeremonie einer Pyramide üblich gewesen ist.

▲ Dieser ägyptische Tierkreis war in die Decke eines Osiris-Schreins im Tempel von Dendera geschnitzt. Er befindet sich heute im Louvre in Paris.

▲ Hathor, die Göttin der Liebe und Schönheit, hob einst die Sonne auf ihren Hörnern an den Himmel.

▲ Isis, Schwester und Gemahlin von Osiris, war die Mutter von Horus. Sie war eine perfekte Ehefrau und Mutter.

▲ Re-Harachte, der Sonnengott und Horus in einem, wird mit der Sonne auf einem Falkenhaupt dargestellt.

▲ Osiris war der Totengott. In seinem Reich im „Schönen Westen“ kamen die Seelen vor das Totengericht.

▶ Die Arbeiter wurden in Siedlungen untergebracht. Steinmetze und einige andere Fachleute arbeiteten das ganze Jahr über an der Pyramide, doch Tausende kamen alljährlich während der Zeit der Nilflut, um ihre Steuern abzuarbeiten.

DER BAU EINER PYRAMIDE

◀ Aus hölzernen Planken wurde ein Weg gelegt, auf dem die mit Steinblöcken beladenen Schlitten leichter vorwärtsbewegt werden konnten. An der einen Seite wurden die vollen Schlitten hochgezogen, an der anderen kamen die leeren wieder hinunter.

◀ Die Arbeit in der sengenden Wüstensonne machte durstig. Ständig mußten die Arbeiter mit Trinkwasser versorgt werden.

Der Pyramidenbau war eine einzigartige Höchstleistung an Organisation und Ingenieurskunst. Über zwanzig Jahre dauerte der Bau einer großen Pyramide. Die Blöcke wurden in Schichten verlegt, eine über der anderen. Über eine Rampe aus Schutt und Erde zog man sie auf Schlitten nach oben. Nach jeder Schicht wurde die Rampe länger und höher. Zum Schluß erhielt die Pyramide außen eine Ummantelung aus blank polierten Kalksteinblöcken.

Die Große Pyramide ist 147 Meter hoch. Sie überragt andere bekannte Bauwerke.

Die erste Pyramide wurde in Sakkara für König Djoser errichtet. Wegen ihrer Form nennt man sie Stufenpyramide. Später entwickelten sich aus der Stufenpyramide die echten Pyramiden mit glatten Wänden, wie die Große Pyramide von Gisa, die vor rund 4500 Jahren für König Cheops erbaut wurde.

Stufenpyramiden

Djosers Architekt Imhotep baute das Königsgrab nicht aus Lehmziegeln, sondern aus Steinen. Dann setzte er darauf noch weitere Steinstufen und schuf damit die erste Pyramide. Warum tat er das? Die Könige glaubten, daß ihre Seelen in die Gefilde der Seeligen kommen würden – die Sterne im Norden, die immer über dem Horizont bleiben. Eine Stufenpyramide könnte darum eine symbolische Treppe zu den Sternen gewesen sein.

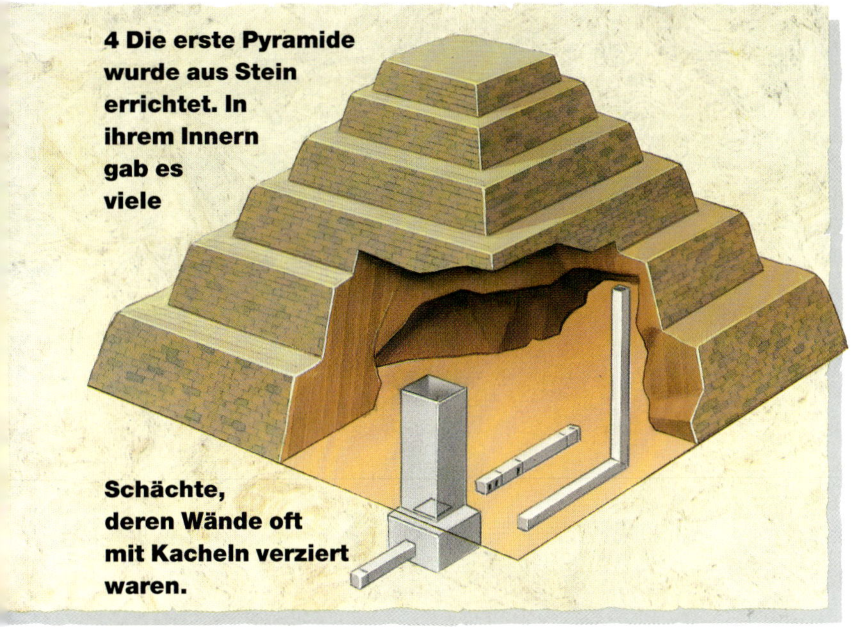

Die erste echte Pyramide

König Huni errichtete eine Stufenpyramide in Medum. Sein Sohn Snofru baute sie in eine Pyramide mit glatten Seitenflächen um. Doch die neue Verkleidung löste sich, und die ursprüngliche Stufenform kam wieder zum Vorschein. Hatte man beim Bau einen Fehler gemacht?

Djosers Pyramide liegt in einem ummauerten Bezirk mit offenen Höfen und vielen Bauten. Wahrscheinlich stellt die Anlage den Palast und die Amtsgebäude des Königs dar. Obwohl die Gebäude massiv gebaut waren, sollten sie, durch Zauberkraft, dem König im Jenseits als Wohnung dienen.

Die Knickpyramide

Snofru begann in Dahschur mit dem Bau einer Pyramide mit glatten Seiten. In halber Höhe ergriff die Baumeister Panik. Sie glaubten, der Steigungswinkel sei zu steil und verringerten ihn. So entstand eine Pyramide mit einem Knick.

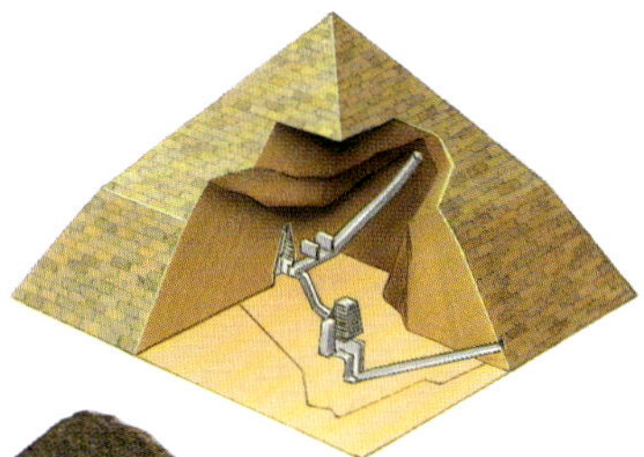

Das Sedfest

Wenn ein König dreißig Jahre lang geherrscht hatte, wurde das Sedfest begangen. Es sollte die Macht des Königs stärken und erneuern. Zu den Feierlichkeiten gehörte ein besonderer Lauf, mit dem der König symbolisch bewies, daß er immer noch stark genug war, das Land zu regieren.

Echte Pyramiden

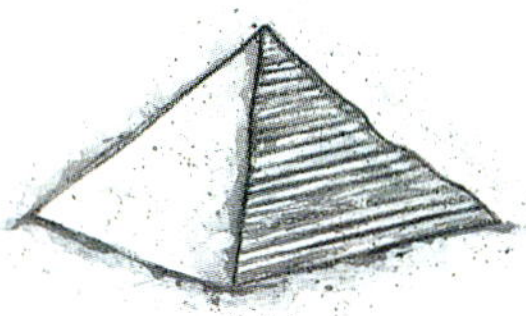

Ab der 4. Dynastie wurden nur noch Pyramiden mit schrägen, glatten Seiten gebaut. In religiösen Schriften, den Pyramidentexten, wurde dem König verheißen, daß eine Rampe aus Sonnenstrahlen für ihn errichtet würde, auf der er zum Himmel aufsteigen könne, um sich mit Re zu vereinen. Vielleicht waren mit den Rampen aus Sonnenstrahlen die glattwandigen Pyramiden gemeint.

▲ Aus Wandmalereien in Totentempeln wissen wir, wie altägyptische Schiffe aussahen.

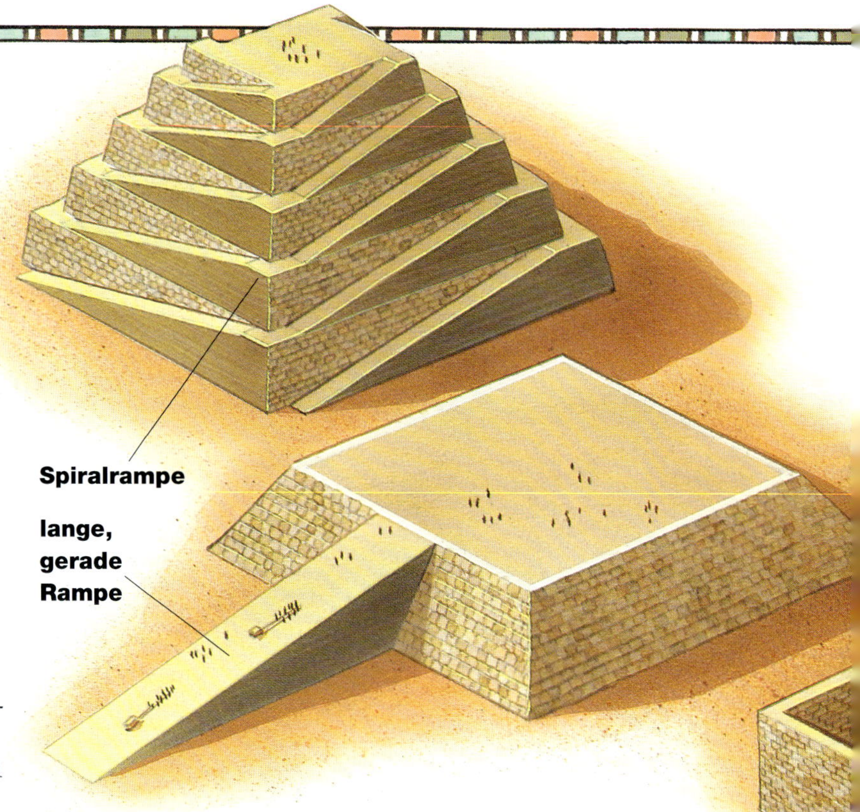

Die Rampe
Die alten Ägypter kannten noch keine Kräne. Für den Pyramidenbau errichteten sie eine große Rampe, auf der sie die Steinblöcke mit Schlitten hochzogen. Manche Forscher glauben, daß die Rampe spiralförmig um die Pyramide herumgeführt wurde. Doch die Überreste von Rampen an nicht fertiggestellten Bauten zeigen, daß eine einzige, gerade Rampe benutzt wurde. Die Ägypter verstanden es, die Rampen genau so lang und groß zu bauen, wie es für den Bau erforderlich war.

1 Der Taltempel
Wenn ein König starb, wurde sein Leichnam über den Nil zum Taltempel gerudert, wo man ihn mumifizierte.

2 Der Aufweg
Ein langer überdeckter Weg führte vom Taltempel zur Pyramide. Oft waren seine Innenwände reich verziert. Durch Öffnungen im Dach fiel Licht ein.

3 Der Totentempel
Im Totentempel, der an die Pyramide angebaut war, brachten die Priester der Seele des Königs Tag für Tag bis in die Ewigkeit Opfergaben dar.

4 Die Königinpyramide
Der König baute eine kleinere Pyramide für seine Gemahlin.

5 Das Grab
Der König und alle Grabbeigaben wurden in einer Kammer unter der Pyramide bestattet.

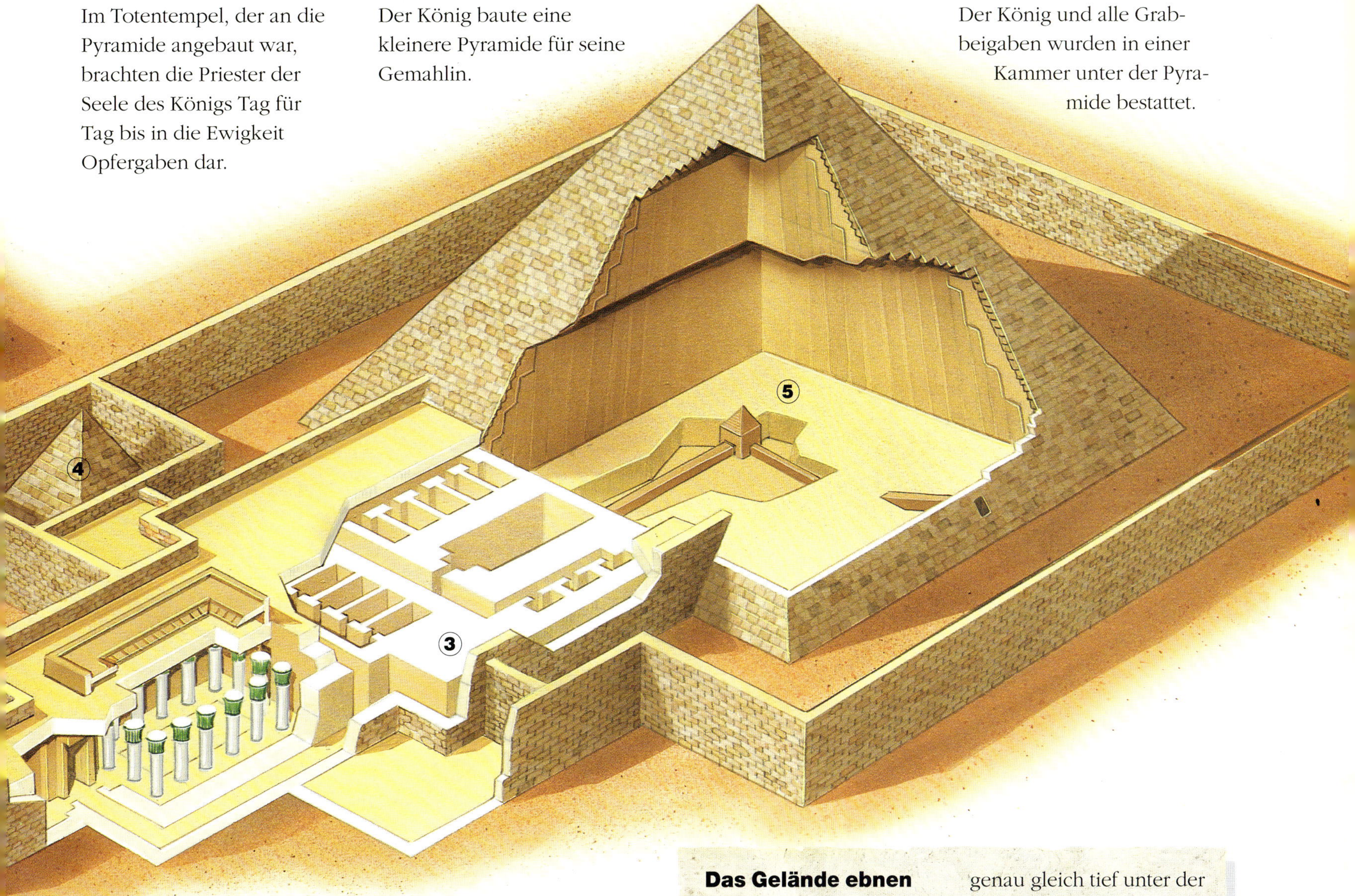

Die Überreste von mehr als 20 Königspyramiden sind aus dem Alten Reich erhalten geblieben. Die besten stammen aus der 4. Dynastie. Die aus der 5. und 6. Dynastie waren kleiner und nicht so gut gebaut. Damals kam es im alten Ägypten zu gesellschaftlichen Veränderungen. Die Adligen und die Provinzgouverneure wurden reich. Doch da der Handel unter Auseinandersetzungen mit benachbarten Völkern litt, verarmten die Könige allmählich und verloren an Macht.

Das Gelände ebnen
Um den ausgewählten Bezirk wurde eine niedrige Mauer gebaut. Gräben wurden in den Fels gemeißelt und mit Wasser gefüllt. Alle waren genau gleich tief unter der Wasseroberfläche. Dann ließ man das Wasser wieder aus den Gräben ablaufen und schlug das Gestein, das darüber hinausragte, weg.

◀ Steinmetze überprüften mit Nivellierstäben, ob die Blöcke richtig behauen waren. Die Stäbe wurden so im rechten Winkel gehalten, daß die Schnur gerade gespannt war.

▶ Der Kalkstein wurde mit Kupfermeißel und harten Holzhämmern bearbeitet. Mit einem Senkblei prüfte man, ob die Seiten gerade waren.

Werkzeuge

Meißel wurden aus Kupfer (1) und im Mittleren Reich aus Bronze (2) gefertigt. Holz nahm man für Klammern (3) und Hammer (4). Doleritschlegel (5) wurden für Granitblöcke benutzt. Glatte Steine (6) dienten zum Glätten und Polieren, Senkbleie (7) zum Anzeigen der Senkrechten.

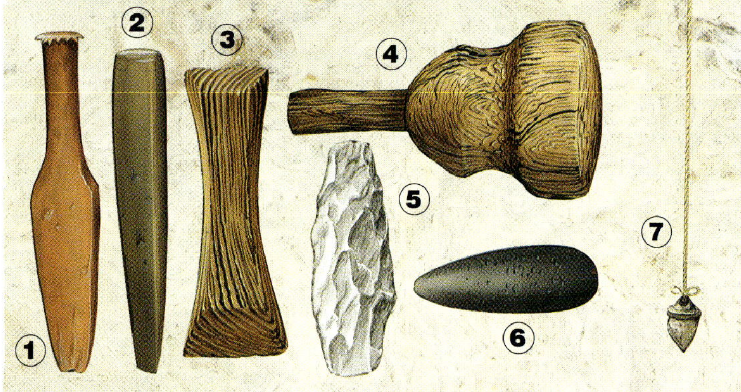

▼ Die Steinblöcke blieben bis zur Nilüberschwemmung im Steinbruch und wurden dann auf Lastkähne verladen. Wenn das Wasser hoch stand, konnten die Kähne dicht an den Steinbruch und an die Pyramide heranfahren.

Es erforderte großes Geschick, die schwer beladenen Boote auf dem schnell fließenden Fluß zu steuern.

Bauarbeiten

Als Baumaterial für die Pyramiden nahm man meist Kalksteinblöcke, die aus Steinbrüchen in der näheren Umgebung stammten. Die feinen, weißen Blöcke für die Ummantelung kamen aus den Tura-Kalksteinbrüchen am östlichen Nilufer, etwa dort, wo heute das moderne Kairo steht. Einige Grabkammern waren mit Platten aus viel härterem Granit ausgekleidet. Dieser stammte aus dem flußaufwärts gelegenen Steinbruch von Assuan.

▼ Wenn die riesigen Steinblöcke die Rampe hochtransportiert worden waren, wurden sie mit Seilen und Hebeln an die vorgesehene Stelle bewegt. Ein Aufseher paßte auf, daß die Steine richtig verlegt wurden.

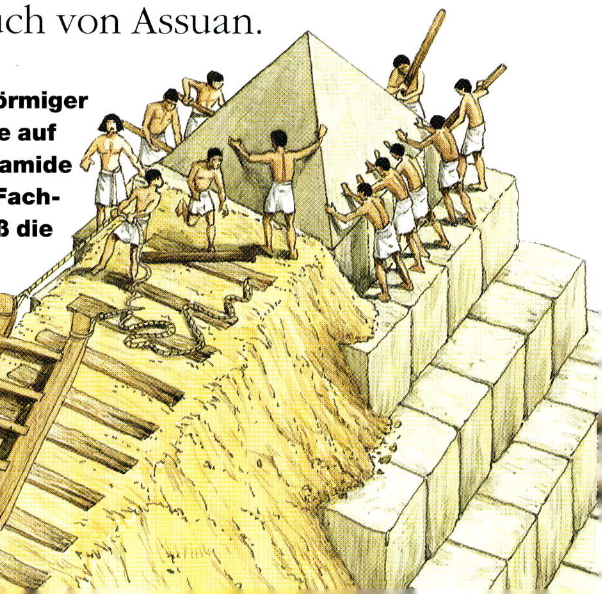

▶ Ein pyramidenförmiger Schlußstein wurde auf die Spitze der Pyramide gesetzt. Manche Fachleute glauben, daß die Schlußsteine von Gisa aus Gold gewesen sind.

Wenn die Pyramide ihre vorgesehene Höhe erreicht hatte, wurden die Kalksteinblöcke für die Ummantelung angebracht. Dabei begann man an der Spitze mit einem pyramidenförmigen Schlußstein. Die Kalksteinblöcke wurden mit ganz schmalen Fugen versetzt und danach geglättet und poliert. An der Cheops-Pyramide waren sie so perfekt zusammengefügt, daß nicht einmal eine Messerschneide zwischen sie paßte. Im Laufe der Zeit wurden die Kalksteinblöcke für andere Bauvorhaben gestohlen. Die Chephren-Pyramide ist die einzige, bei der ein Teil der Ummantelung im oberen Teil erhalten ist.

▶ Arbeiter rieben die Mantelblöcke mit Poliersteinen, bis sie in der Sonne glänzten. Aufseher prüften mit dem Senkblei, ob die Neigung der Seitenflächen richtig war.

▶ Die Mantelblöcke wurden von oben nach unten eingesetzt. Gleichzeitig baute man die Rampe wieder ab.

▶ Unfälle kamen auf der Baustelle häufig vor. Täglich mußten die Ärzte gebrochene und gequetschte Gliedmaßen behandeln.

Die Feinarbeit

Die Tempel und anderen Grabmäler wurden zur gleichen Zeit wie die Pyramide erbaut. Das Innere eines Tempels füllte man mit Sand, auf dem man die Steinblöcke nach oben ziehen konnte. Je höher die Mauern wuchsen, desto mehr Sand schüttete man nach. Beim Schnitzen, Modellieren und Malen standen die Handwerker auf dem aufgeschütteten Sand. Waren die Wände und die Decke fertig, wurde der Sand wieder entfernt.

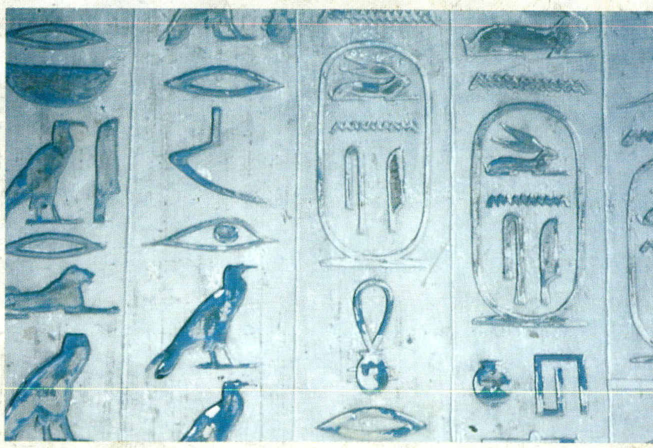

Pyramidentexte
Unas war der letzte König der 5. Dynastie. Die Wände seiner Grabkammer sind mit Gebeten und rituellen Sprüchen beschriftet, die man heute als Pyramidentexte bezeichnet. Die Texte sollten dem König den Weg ins Jenseits ebnen und dort für sein Wohlergehen sorgen.

Säulen
Steinerne Säulen trugen die Dächer von Tempeln und Säulengängen. Die oberen Teile der Säulen erhielten Formen, die an Lotusknospen, blühende Papyrusgräser oder Dattelpalmen erinnerten.

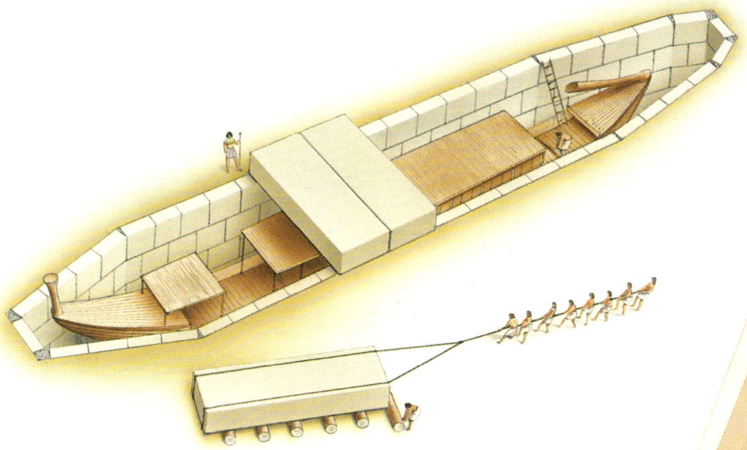

Bootsgruben

Viele Könige ließen ein oder mehrere Boote in der Nähe ihrer Pyramiden eingraben. Waren sie für Spazierfahrten im Jenseits oder für eine Fahrt über den Himmel mit den Sonnengott gedacht? Zwei Boote von König Cheops gibt es noch heute. Eines liegt noch unangetastet im Boden, das andere kann man in einem Museum bei der Großen Pyramide in Gisa besichtigen.

Statuen

Statuen des Königs wurden in seinem Taltempel und in seinem Totentempel aufgestellt. Schon im Alten Reich waren einige überlebensgroß. Im Neuen Reich erreichten sie oft kolossale Ausmaße.

Pyramiden von Gisa

Die Pyramiden von Gisa wurden von Cheops, seinem Sohn Chephren und seinem Enkel Mykerinos errichtet. Die Cheops-Pyramide, auch Große Pyramide genannt, ist die größte. Sie ist 147 Meter hoch und aus 2 300 000 Steinblöcken errichtet. Die Chephren-Pyramide ist drei Meter niedriger, erscheint heute aber höher, weil sie auf einem höher gelegenen Gelände steht und an ihrer Spitze noch Reste der Mantelsteine trägt. Die Mykerinos-Pyramide ist mit nur 66 Metern die kleinste.

Im Innern der Großen Pyramide

Anders als in späteren Pyramiden gibt es in der Cheops-Pyramide mehrere Kammern und Gänge. Man nimmt an, daß die Baupläne nachträglich geändert wurden. Cheops liegt in der oberen Grabkammer.

Mykerinos

Rund um die Pyramiden der Könige und Königinnen reihen sich steinerne Mastabas für Mitglieder der königlichen Familie und hohe Hofbeamte. Der ganze Bereich wird von einem Sphinx, einer Erscheinungsform des Sonnengottes, bewacht, der den Körper eines Löwen und den Kopf eines Königs hat. Die Pyramiden von Gisa gelten als eines der sieben Weltwunder.

Chephren

Der Löwenthron

In Chephrens Taltempel standen viele prächtige Statuen des Königs. Diese aus Diorit gearbeitete Figur zeigt den überlebensgroßen König auf einem Löwenthron. Der Horus-Falke sitzt mit ausgebreiteten Flügeln hinter seinem Kopf. Chephrens Kartusche – ein ovaler, gerollter Strick, der die Hieroglyphen seines Namens einrahmt – ist neben seinem rechten Fuß zu sehen.

Cheops

Der mit einem Tuch bedeckte Leichnam des Königs wird von seinem Palast in Memphis über den Nil zu seiner Pyramidenanlage gebracht. Dort wird er in einem vorübergehend auf dem Dach des Taltempels errichteten Zelt für die Bestattung vorbereitet.

Die Barke mit der Leiche des Königs wird gezogen. Die anderen Boote haben Ruderer. Am Bug des einen Schiffs stehen vier der Leibwächter des Königs mit den königlichen Standarten.

Priester und Priesterinnen beten für den König, während seine Familie trauert. Auf anderen Booten wird alles mitgebracht, was für seine Einbalsamierung gebraucht wird. Die kostbaren Möbel und Schätze, mit denen sein Grab ausgestattet wird, kommen erst mit dem Trauerzug.

EIN KÖNIGSBEGRÄBNIS

Der König ist tot. Sein Volk hat Angst, denn es glaubt, daß die Mächte des Bösen gesiegt haben. Morgen wird sein Sohn König werden – er wird einen Neuanfang machen, wenn der neue Tag beginnt. Dann wird das Gleichgewicht zwischen Gut und Böse wiederhergestellt sein, das den Ägyptern so wichtig ist. Nun braucht der tote König dringend die Hilfe des Volkes. Sein vergänglicher Körper muß erhalten bleiben, seine göttliche Seele verehrt werden. Gebete und religiöse Rituale sollen für eine glückliche Reise des Königs ins Jenseits und sein Weiterleben in Ewigkeit sorgen.

Eine Himmelsrampe

Die Ägypter gaben Dingen gern eine Bedeutung. Dadurch erhielten sie eine magische Kraft. So ist eine Pyramide eine Rampe zum Himmel, aber auch ein Hügel, der das erste Land war. Einst war die ganze Welt von Wasser bedeckt, und dann tauchte ein Hügel auf. Auf ihm stand der Sonnengott und schuf die Welt. Eine Pyramide ist auch Benben – der Re geweihte Stein, der vom Himmel gefallen war. All dies waren magische Orte, zu denen sich eine Seele begeben konnte, um in eine Neue Welt hineingeboren zu werden.

▲ Mit dem Ritual der „Mundöffnung" wurde die Mumie wiederbelebt, damit der Tote im Jenseits weiter riechen und hören, essen und trinken konnte.

Mumien

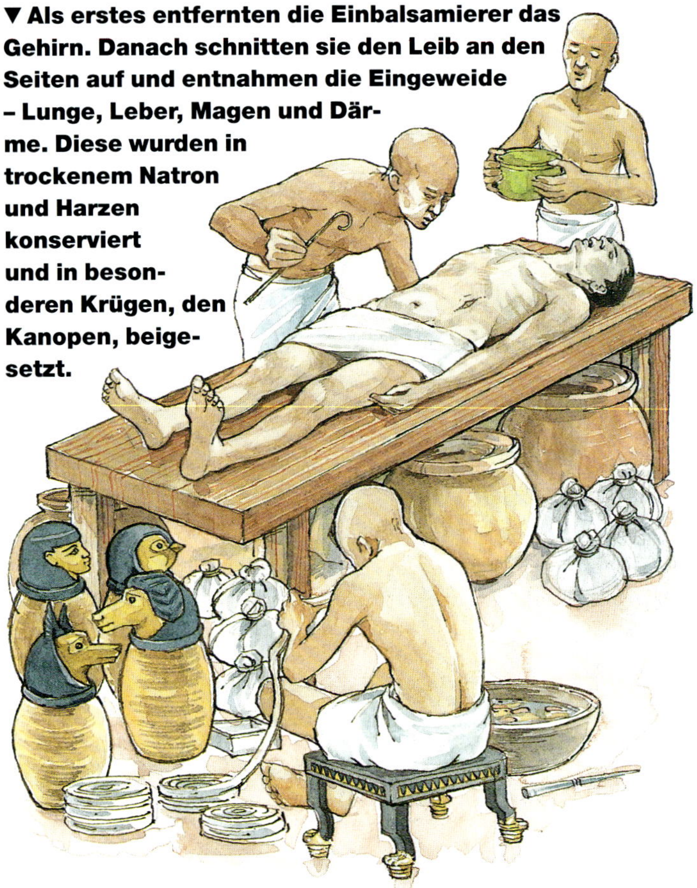

▼ **Als erstes entfernten die Einbalsamierer das Gehirn. Danach schnitten sie den Leib an den Seiten auf und entnahmen die Eingeweide – Lunge, Leber, Magen und Därme. Diese wurden in trockenem Natron und Harzen konserviert und in besonderen Krügen, den Kanopen, beigesetzt.**

Die alten Ägypter glaubten, daß ihre Körper erhalten bleiben mußten, damit sie auferstehen und im Jenseits weiterleben konnten. Während der Zeit des Pyramidenbaus war man ständig bemüht, die Konservierung der Toten – die Einbalsamierung – zu verbessern.

▼ **Der Tote wurde etwa 40 Tage lang in eine trockene Natronmasse gelegt, die dem Körper die restliche Flüssigkeit entzog. Dann wusch man ihn und rieb ihn mit wohlriechenden Stoffen ein. Die Hohlräume wurden mit Natron und Harzen ausgestopft und mit Leinenbinden umwickelt. Das Gesicht bemalte man, damit es wie lebendig aussah, und das Haar wurde ordentlich frisiert.**

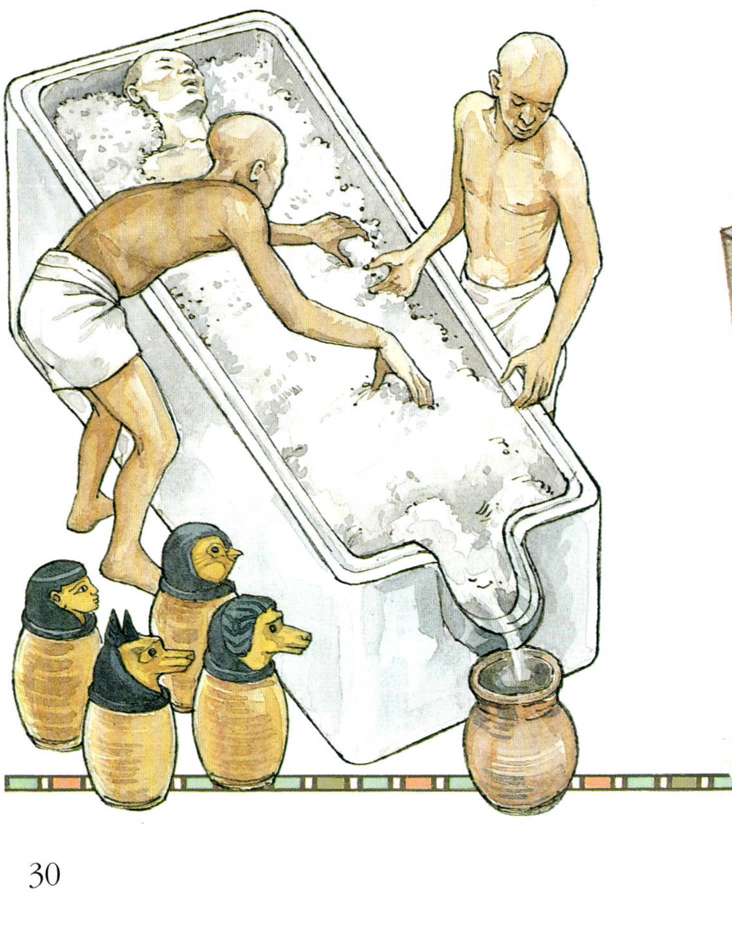

Zu Beginn des Neuen Reiches hatte die Kunst der Einbalsamierung einen sehr hohen Stand erreicht. Man brauchte 70 Tage, um einen Leichnam für die Bestattung vorzubereiten. Nur Könige und Adlige konnten sich die ganze, hier gezeigte Behandlung leisten. Andere mußten sich mit einer einfacheren Methode zufriedengeben. Da die meisten Königsgräber ausgeraubt wurden, sind nur wenige Mumien erhalten geblieben.

Amulette

Zwischen die Leinenbinden schob man zauberkräftige Amulette. Sie waren Symbole für Kraft und Wiederauferstehung und beschützten den Toten auf seiner Reise ins Jenseits.

◀ Der Körper des Toten wurde mit Leinenbinden umwickelt, die mit Harzen und Parfümen getränkt waren, um die Haltbarkeit zu erhöhen. Finger und Zehen, Beine und Arme wurden gesondert umwickelt, dann wurden alle Teile gemeinsam bandagiert. Die fertige Mumie legte man in einem hölzernen Sarg.

▶ Priester sprachen Gebete, die den Verstorbenen auf seinem Weg ins Jenseits begleiten sollten. Hier segnet der oberste Einbalsamierer, als schakalköpfiger Totengott Anubis gekleidet, die fertiggestellte Mumie.

Der Totendienst

Das Begräbnis ist zu Ende. Der König ist mit den Göttern vereint, doch damit ist noch nicht alles vorüber. Grundstücke sind bereitgestellt worden, um mit ihren Erträgen Priester zu bezahlen, die der Seele des Königs bis in alle Ewigkeit Opfergaben bringen sollen, damit es ihm im Jenseits wohlergehe. Dieser Totendienst wurde oft viele Jahre lang ausgeführt, hörte aber irgendwann doch auf – meist in Zeiten politischer Wirren und Machtkämpfe, die zwischen dem Alten, Mittleren und Neuen Reich auftraten.

Alabaster-Gefäß

Grabräuber
In den unruhigen Zeiten, die das Ende des Alten, Mittleren und Neuen Reiches kennzeichneten, wurden Gräber so schlecht bewacht, daß Räuber in sie eindringen konnten. Alle Pyramiden wurden ausgeraubt.

▼ In Kahun lebten die Menschen, die die Pyramide von Sesostris II. in Illahun bauten. Eine hohe Ziegelmauer umschloß die geraden, engen Straßen.

◀ Die Wohlhabenden besaßen große Häuser mit vielen Zimmern. Einfache Familien wohnten in vier oder fünf Räumen. Alle Häuser waren aus Lehmziegeln errichtet.

Senostris kam nach Kahun, wenn er auf die Jagd gehen oder seine Pyramide besichtigen wollte. Nach seinem Tode wohnten Priester und Beamte, die für seinen Totendienst eingestellt waren, in der Stadt.

Der Alltag

Kahun war während der 12. und 13. Dynastie bewohnt. Funde in Schutthalden geben uns einen Einblick in das tägliche Leben.

◀ **Kleine Krüge für Kohl, einer Augenschminke für Männer und Frauen.**

▶ **Ein Bronzespiegel mit Holzgriff.**

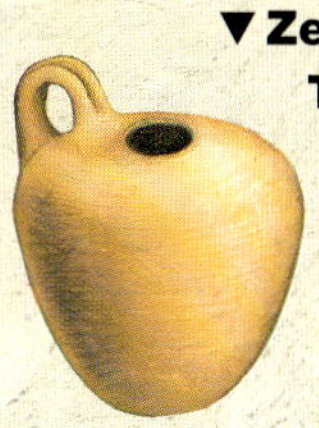

▼ **Zerbrochener Tonkrug, vermutlich aus dem Ausland.**

◀ **Ein sehr einfacher, aus einem Holzblock geschnitzter Stuhl.**

▲ **Kastagneten aus Elfenbein und Perlenketten eines Tänzers. Frauen wie auch Männer trugen viel Schmuck.**

Das Jenseits

Die Ägypter glaubten, daß sie nach dem Tode im Reich des Osiris weiterleben würden. Sie würden den Göttern näher sein, ein angenehmeres Leben führen und mehr Macht als auf Erden haben. Ein König, der im irdischen Leben Horus war, wurde nach dem Tode eins mit dem Vater des Horus, Osiris. Da er ein Gott war, genoß der König viele Vorrechte. Im Laufe der Jahrhunderte hofften aber auch einfache Leute, an den Privilegien des Königs im Jenseits ein wenig teilhaben zu dürfen.

▲ Einige der Instrumente, die die Priester beim Mundöffnungsritual verwendeten.

Die Sonnenbarke
Tagsüber segelten verstorbene Könige mit dem Sonnengott Re über den Himmel. Nachts begleiteten sie ihn durch die Unterwelt und brachten Licht in das Reich des Osiris. Weil man in Ägypten nur mit dem Schiff reiste, glaubten die Menschen, daß auch die Sonne eines besitze.

▲ Das Totenbuch sollte das Weiterleben des Verstorbenen im Jenseits sichern. Diese Szene stammt aus dem Totenbuch des Ani.

Ba* und *Ka
Die alten Ägypter stellten sich vor, daß sie nicht eine, sondern mehrere Seelen hätten. Der *Ka* war die Lebenskraft, blieb nach dem Tode im Grab und ernährte sich von den Opfergaben. Auf Bildern stellt man die *Ka*-Seele durch zwei über den Kopf erhobene Hände dar. Die *Ba*-Seele verkörperte die unverwechselbare Persönlichkeit des Toten, sie konnte überall hingehen und jede erdenkliche Gestalt annehmen. Sie wird als Vogel mit Menschenkopf abgebildet. Die *Ba*-Seele trat auch vor das Totengericht. Der *Ach* war die Seele, die mit den Göttern im Jenseits lebte. Dargestellt wurde die *Ach*-Seele in der Gestalt des Schopf-Ibis.

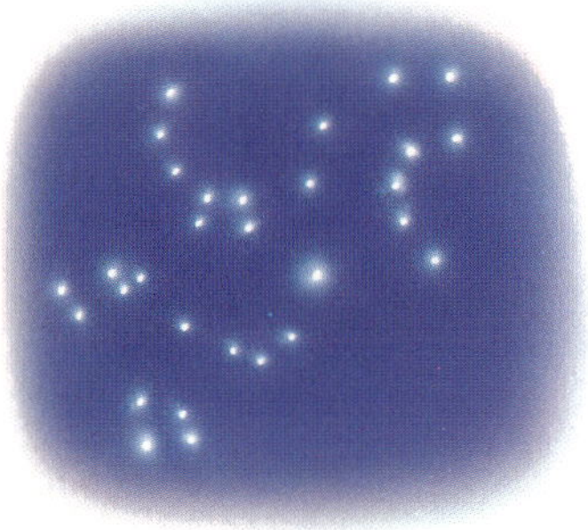

Die nördlichen Sterne
Ein möglicher Aufenthaltsort für den toten König waren die Sterne, und zwar entweder die, welche den Nordpol umkreisten, oder die des Orion, wo nach der Vorstellung der alten Ägypter der Geist des Osiris wohnte.

Opfergaben
Die Ägypter erwarteten von ihren Angehörigen, daß sie ihnen nach ihrem Tode Speiseopfer brachten. Diese wurden vor eine Scheintür an der Wand des Totentempels niedergelegt. Verstorbene Könige erhielten täglich Opfergaben, doch einfache Sterbliche wurden nur zu den Totenfesten bedacht. Für den Fall, daß die Versorgung mit Nahrungsmitteln einmal aufhörte, malte man vorsorglich Gebete und Szenen an die Wände von Gräbern und Tempeln, damit der Tote im Jenseits mit allem versorgt war.

▲ Der tote Mann und seine Frau werden in die Gerichtshalle vor den richtenden Gott Osiris gebracht.

▲ Anubis wiegt das Herz des Toten gegen die Feder der Wahrheit auf. Bei einem guten Leben wiegt das Herz so leicht wie die Feder.

▲ Der Schreibergott Thot mit dem Ibiskopf schreibt das Urteil mit Pinsel und Palette nieder.

▲ Ein sündiges Herz ist schwerer als die Feder und wird von einem Monster gefressen. Ein tugendhaftes geht ins Jenseits ein.

Auf dem pyramidenförmigen Gipfel über dem Tal der Könige wohnte die Göttin Meretseger, die das Gräberfeld beschützte. Auch die Medjay, eine Sonderpolizei, bewachte das Gelände.

Eine königliche Begräbnisprozession zieht ins Tal der Könige. Im Neuen Reich war Ägypten sehr reich. Unvorstellbar kostbare Schätze wurden den Königen in ihre Gräber mitgegeben.

Totentempel wurden nun nicht mehr in der Nähe der Grabmäler errichtet, sondern auf der anderen Seite der Bergflanke. Dort wurden auch die täglichen Opfergaben dargebracht.

DIE GRÄBER DES NEUEN REICHES

Die Könige des Alten, Mittleren und frühen Neuen Reiches wurden in Pyramiden bestattet. Die Pyramiden unterschieden sich in Größe und Bauart, doch alle wurden ausgeraubt. Ineni, der oberste Architekt des Königs Tuthmosis I., entwarf einen neuen Grabmalstil. Die Hauptstadt lag damals in Theben, und dort, am Westufer, sollte der König in einem in die Flanke eines Wüstentals gehauenen Grabmal bestattet werden. Warum wählte Ineni gerade dieses Tal? Vielleicht, weil der das Tal überragende Berggipfel wie eine Pyramide geformt ist?

In einem Felsgrab
Die Gräber im Tal der Könige unterscheiden sich nur geringfügig in ihrer Anlage. Der Eingang (1) wurde zugemauert und versiegelt. Ein Schacht (2) bot Schutz vor Grabräubern und nahm bei den seltenen Wolkenbrüchen das Regenwasser auf. Jedes Grab enthielt Hallen und Nebenräume (3) sowie die Grabkammer (4). Wandbilder zeigten den Weg der Sonne durch die Unterwelt. Jeden Tag wurde der König mit der aufgehenden Sonne wiedergeboren.

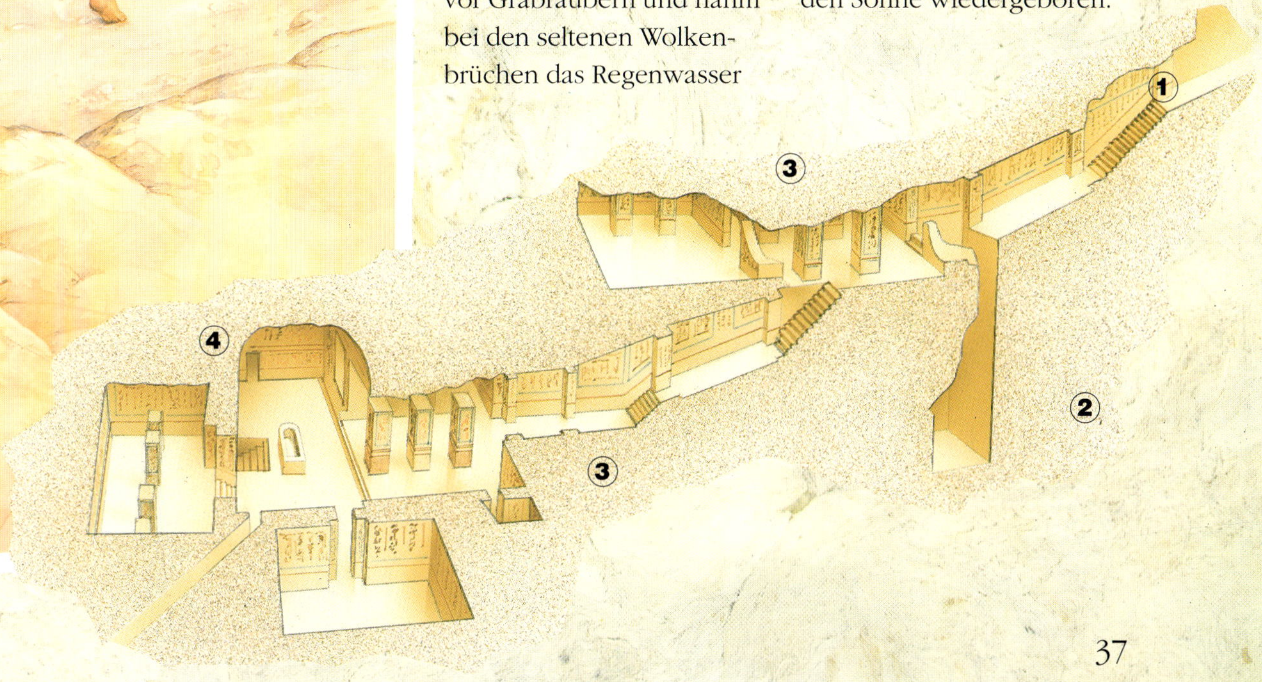

Pyramiden für das Volk

Als die Könige aufhörten, ihre Grabmäler als Pyramiden zu bauen, führten einige ihrer Untertanen die Idee fort. Während viele Könige des Neuen Reichs in Felsgräbern am Westufer des Nils bei Theben bestattet wurden, ragten nun auf den Privatgräbern der Adligen, die sich bei Sakkara im Norden bestatten ließen, kleine Pyramiden hoch.

Das Grab des Sennodjem

Sennodjem war ein Aufseher, der in Der el-Medina lebte. Die Wandbilder in seinem Grab zeigen, wie er den Todesfluß überquert. Auf den Feldern des Paradieses, das Ägypten ähnelt, genießt er mit seiner Frau das ewige Leben. Die Ernte ist so reich, daß nie Hunger herrscht, und blühende Gärten spenden Schatten.

◀ **Die Menschen, die die Königsgräber im Tal der Könige bauten, lebten in einer Siedlung bei Der el-Medina am Westufer von Theben. Ihre eigenen Gräber schlugen sie in die Felswände über der Siedlung und zogen kleine Pyramiden auf den Dächern der Grabkapellen hoch.**

▲ **Man nimmt an, daß der Benben-Stein ein Meteorit gewesen ist, der pyramidenähnlich geformt war. Er stand auf einem hohen Steinblock im Sonnenheiligtum von Heliopolis.**

1 Kleine Pyramide
2 Kleine Figur
3 Grabkapelle
4 Statue des Grabinhabers und seiner Frau
5 Angehörige bringen Opfergaben
6 Versiegelte Tür zur unterirdischen Grabkammer
7 In den Fels gehauene Grabkammer
8 Wandbilder
9 Grabbeigaben
10 Sarkophag

Totenfeste

Nur wenige Ägypter brachten ihren Toten täglich Opfergaben, doch zu den Totenfesten taten es alle. Es waren fröhliche Feiern. Die Menschen besuchten die Gräber ihrer Verwandten, veranstalteten Picknicks und luden dazu die Geister der Toten ein. In Theben war das Talfest das bedeutendste Totenfest.

Obelisken

Obelisken standen vor Tempeln. Ihr Vorbild war der Benben-Stein, das heilige Symbol der Sonne. Ihre Spitzen krönten kleine Pyramiden, die oft mit Gold bedeckt waren. Wenn die Sonne die Pyramide anstrahlte, betrat der Gott seinen Tempel. Vor dem Sonnentempel in Heliopolis waren einst zwei Obelisken aufgerichtet.

Spurensuche

Könige und gewöhnliche Sterbliche wurden mit Mobiliar und anderem Gerät bestattet, damit sie im Jenseits nichts zu entbehren brauchten. Im trockenen Klima Ägyptens sind diese Dinge erhalten geblieben. So geben uns die wenigen Gräber, die nicht ausgeraubt wurden, Auskunft darüber, wie die Menschen im alten Ägypten gelebt haben. Eines der am reichsten ausgestatteten Gräber gehört Tutanchamum.

▶ In diesem über einen Meter langen Fächer steckten einst Straußenfedern.

▼ Vier ineinander gestellte Schreine aus vergoldetem Holz füllten die Grabkammer bis auf nur wenige Zentimeter aus.

▼ Eine Goldmaske bedeckte das Gesicht des Königs.

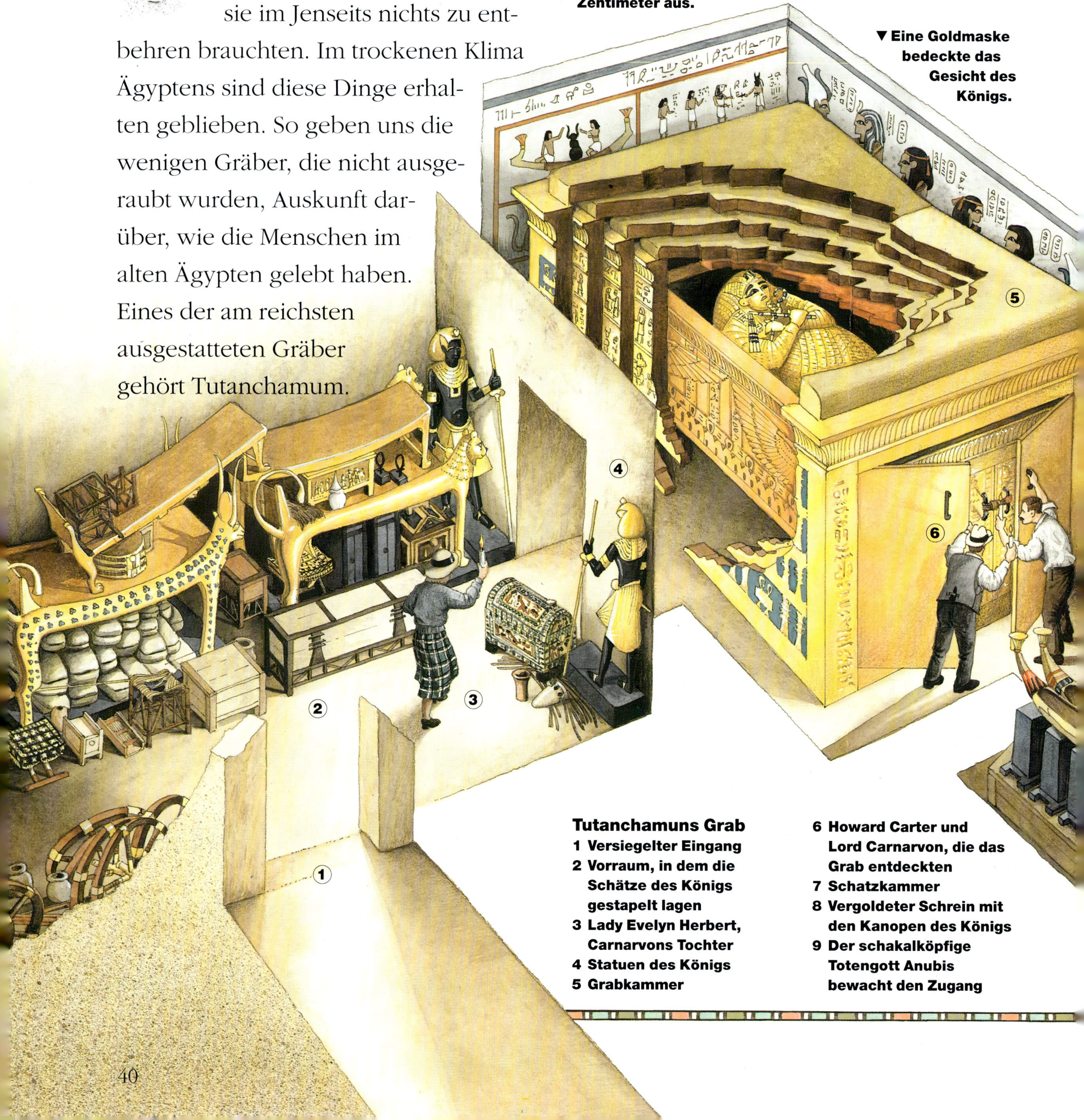

Tutanchamuns Grab

1 Versiegelter Eingang
2 Vorraum, in dem die Schätze des Königs gestapelt lagen
3 Lady Evelyn Herbert, Carnarvons Tochter
4 Statuen des Königs
5 Grabkammer
6 Howard Carter und Lord Carnarvon, die das Grab entdeckten
7 Schatzkammer
8 Vergoldeter Schrein mit den Kanopen des Königs
9 Der schakalköpfige Totengott Anubis bewacht den Zugang

◀ Diese Rückenlehne vom Thronsessel des Königs ist ein Relief aus Gold, Silber und Halbedelsteinen. Es stellt den König und seine Gemahlin dar.

▼ Das Grab enthielt viele prächtige, aus Alabaster gearbeitete Gegenstände. Diese schöne Schnitzarbeit zeigt die königliche Totenbarke.

Der Stein von Rosette

Weil er mit einem Hieroglyphentext und der griechischen Übersetzung beschriftet war, lieferte der Stein von Rosette den Schlüssel für die Entzifferung der ägyptischen Bilderschrift. Aus diesen Schriften haben Wissenschaftler viel über die Religion, die Gesetze und das tägliche Leben der alten Ägypter erfahren.

◀ Die beiden äußeren Särge waren aus Holz, vergoldet und mit Einlegearbeiten aus Halbedelsteinen verziert. Der dritte und innerste Sarg bestand aus purem Gold mit Einlegearbeiten.

Tutanchamun

Nach zwei Einbrüchen kurz nach Tutanchamuns Tod blieb das Grab bis zu seiner Entdeckung 1922 unberührt. Er wird oft der Kindkönig genannt, denn er war bei seinem Tode erst zwanzig.

Weil sein Grab noch nicht fertig war, wurden seine überreichen Grabbeigaben in ein viel kleineres Grab gestopft, das vermutlich ursprünglich für einen Günstling gedacht war.

◀ Zum Grabschatz gehörten viele Bootsmodelle, die dem König im Jenseits zur Verfügung stehen sollten.

Hieroglyphen

Die Ägypter hatten eine Bilderschrift. Manche Zeichen stellten einen Buchstaben dar; andere bedeuteten mehrere oder ein ganzes Wort. Vokale schrieb man nicht mit, sprach sie aber aus.

Da das Schreiben der Hieroglyphen viel Zeit in Anspruch nahm, entwickelten die Ägypter eine Kurzform, die hieratisch genannt wird. Später folgte eine noch kürzere Version, das Demotische.

3000	2500	2000	1500	1000
				Adena
Erste Tempelhügel				
			Olmeken	
				Chavín

PYRAMIDEN IN NORD- UND SÜDAMERIKA

Auf der anderen Seite der Erde, auf dem amerikanischen Doppelkontinent, errichteten auch andere Völker unabhängig von den Ägyptern Pyramiden und Tempelhügel. Die ersten dieser Bauten entstanden in Mittelamerika und im Nordwesten von Südamerika, doch die Bauweise faßte bald auch in Nordamerika Fuß.

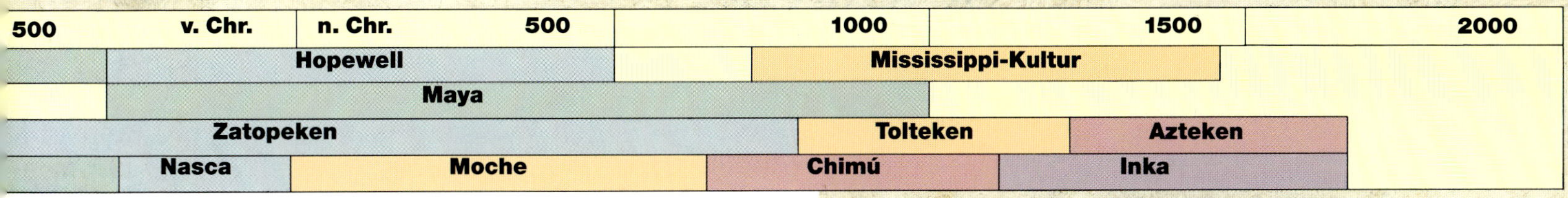

Die Stadt Etowah aus der Mississippi-Kultur stand um 1200 n. Chr. in Blüte. Bauern, Jäger und Fischer verkauften ihre Erzeugnisse von den Großen Seen bis zum Golf von Mexiko. Ihre Waffen und Werkzeuge fertigten sie aus Kupfer und Stein. Tempel standen auf großen Erdhügeln, und die mit Muscheln, Perlen und Glimmer geschmückten Herrscher lebten in Palästen, die ebenfalls auf künstlich aufgeschütteten Hügeln errichtet waren. Die ganze Stadt umgab eine hölzerne Palisade zum Schutz gegen Feinde.

Die Maya

Mittelamerika war die Heimat vieler Völker wie zum Beispiel der Olmeken, Maya, Tolteken, Zapoteken und Azteken. Wie ihre Nachbarn bauten die Maya Stufenpyramiden. Treppen mit Skulpturen und Inschriften führten zu den auf der Spitze stehenden Tempeln. Zwei der bekanntesten sind der Inschriftentempel in Palenque und die Hieroglyphentreppe in Copán. Manchmal wurden auch Könige in einer Tempelpyramide bestattet.

El Mirador

El Mirador war eine der frühesten Maya-Städte, deren Blütezeit zwischen 150 v. Chr. und 150 n.Chr. lag. Hier standen mehrere Stufenpyramiden mit Kultstätten auf der Spitze. Sie waren aus dem Kalkstein der Umgebung erbaut, von einer dauerhaften Stuckschicht umgeben und rot angemalt. Die Farbe Rot hatte eine religiöse Bedeutung. Um ihre Götter zu ernähren, stachen sich die Maya mit Dornen und opferten ihnen ihr Blut. Manchmal brachten sie auch Gefangene als Opfer dar.

Die Maya waren vorzügliche Mathematiker und Astronomen. Sie kannten ein kompliziertes System der Zeitmessung. Einer ihrer Zeitzyklen war ein Jahr mit 365 Tagen.

▼ Archäologen fanden in einigen Maya-Stätten Wandbilder. Sie zeigen dramatische Szenen in lebhaften Farben. Diese Figuren stammen aus einem Wandgemälde in Bonampak.

Die soziale Pyramide

Der Gottkönig (links) stand an der Spitze der sozialen Pyramide der Maya. Adlige und Krieger (Mitte) sowie Priester (rechts) bildeten die zweite Schicht.

Darunter folgten die Handwerker und Kaufleute. Bauern und Arbeiter standen auf der untersten Stufe.

Das Handwerk

Die Maya verstanden sich hervorragend auf das Bearbeiten von Steinen. Jade galt bei ihnen als besonders kostbar. Metall wurde erst in der Spätzeit ihrer Geschichte verarbeitet, und dann auch nur für Schmuck, nicht für Werkzeuge. Dieser Steinarbeiter meißelt Bildzeichen in eine Kalkstein-Stele. Stelen erinnerten an besondere Ereignisse oder Jahrestage.

Schrift

Die Maya erfanden eine Schrift, die aus Bildzeichen bestand. Erst in neuerer Zeit sind diese Hieroglyphen entziffert worden. Außer Inschriften auf Steindenkmälern schrieben die Maya auch Bücher auf Feigenrindenpapier oder Tierhäuten. Allerdings sind nur vier Exemplare erhalten. Als die Spanier Anfang des 16. Jahrhunderts das Gebiet eroberten, verbrannten sie den Rest.

Zwei Maya-Kalenderdaten

1 Oc

3 Cumku

Hieroglyphenblöcke

Aufstieg

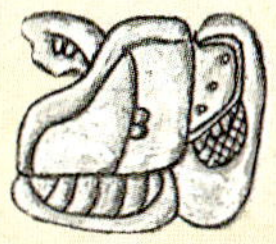

Gefangennahme

Chichén Itzá

Die ersten großen Maya-Städte lagen im südlichen Tiefland. Als die klassiche Epoche um 900 n. Chr. zu Ende ging, verlagerten sich die Machtzentren nach Norden in andere Städte. Chichén Itzá wurde nach einem Krieg zur Hauptstadt eines mächtigen Staates mit weitgespannten Handelsbeziehungen. In Chichén Itzá vermischen sich die Baustile der Maya-Klassik mit denen der Tolteken, die im Hochland siedelten. Um 1200 wurde die Vorherrschaft Chichén Itzás durch den Aufstieg der Stadt Mayapán gebrochen.

▼ Die Tempelpyramide „Castillo", die größte in Chichén Itzá, wurde über einer bereits vorhandenen erbaut. Die heutige Pyramide entstand kurz vor 1100 n. Chr. Die darunterliegende ist 100 Jahre älter. In der ursprünglichen Pyramide fand man einen aus Stein gemeißelten Jaguar-Thron, leuchtend rot bemalt und mit funkelnd grünen, als Fellflecken eingelegten Jadescheiben.

▶ **Der Jaguar wurde in ganz Mittel- und Südamerika gefürchtet und als Gott verehrt. Er symbolisierte die Fruchtbarkeit des Bodens und konnte Regen bringen. Herrscher trugen Jaguarfelle als Zeichen ihrer Macht.**

Ein kriegerisches Volk

Früher glaubte man, die Maya seien ein friedliches Volk gewesen, doch heute weiß man, daß sie sehr kriegerisch waren. Sie lebten in von Gottkönigen regierten Stadtstaaten, die regelmäßig ihre Nachbarn überfielen und deren Land eroberten. Um ihren Ruhm zu verewigen, bauten sie ihre Städte mit viel Prunk immer wieder neu auf.

Das „Castillo"

Die Tempelpyramide „Castillo" hat eine Grundfläche von 55 Quadratmetern. Das Dach des Heiligtums liegt 30 Meter hoch. Die vier Treppen des Castillo haben jede 91 Stufen. Zusammen mit der Stufe am Tempeleingang waren es 365 – die Zahl der Tage im

Die schwimmende Stadt

Um 1200 n. Chr. wanderte ein Stamm von Jägern und Bauern auf der Suche nach Siedlungsraum in das Hochtal von Mexiko ein. Auf einer sumpfigen Insel im See Texcoco sahen sie einen Adler auf einem Kaktus sitzen, der eine Schlange fraß. Sie hielten das für ein gutes Zeichen und beschlossen, hier ihre Hauptstadt Tenochtitlán zu gründen. Durch geschickte Kriegszüge wurden die Azteken reich und mächtig.

1 Der Große Pyramidentempel
In der Großen Tempelpyramide wurden den Göttern Opfergaben dargebracht.

2 Kanäle
Kanäle verbanden alle Bezirke der Stadt miteinander. Die Azteken nutzten sie in kleinen, flachbodigen Booten als Straßen. Zu beiden Seiten der Kanäle gab es gepflasterte Wege.

3 Der zentrale Bezirk
Die Stadt war in vier Viertel eingeteilt. Das Teopan-Viertel umfaßte den Königspalast und den Großen Pyramidentempel.

4 Dämme
Dämme verbanden Tenochtitlán mit dem Festland. Sie boten drei Pferden nebeneinander Platz.

5 Vorstädte
Die Azteken dehnten ihre Wohngebiete auch auf andere Inseln aus.

6 Die Wasserleitung
Trinkwasser wurde vom Festland durch eine überdeckte Wasserleitung in die Stadt geleitet.

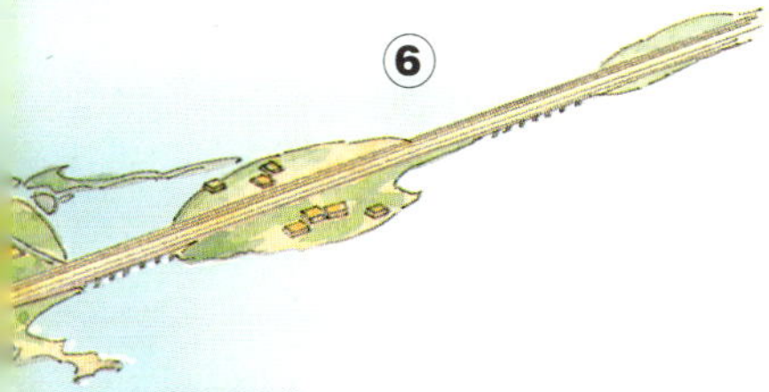

7 Chinampas
Als die Bevölkerungsdichte in der Stadt zunahm, schufen die Azteken mehr Platz für den Anbau von Nahrungspflanzen durch künstliche Gärten, Chinampas genannt.

Der Feldbau
Mais war die wichtigste Anbaufrucht in ganz Mittelamerika. Er war Weizen, Gerste oder Reis der Neuen Welt. Die Azteken bauten auf ihren fruchtbaren Chinampas auch Obst und Gemüse an. Auf Erntefesten dankten sie Göttern und Göttinnen für ihre Güte. Sie hielten sich Truthähne und kleine, haarlose Hunde als Fleischlieferer und jagten Wild, Kaninchen und Wildschweine. Der See versorgte sie mit Fischen und Wasservögeln.

▶ **Jeder Mann half beim Bau neuer Chinampas für seine Familie mit.**

◀ **Binsenbündel wurden zu rechteckigen Flößen geflochten. Dann schlug man rundherum Weidenpfähle in den Seeboden.**

▶ **Die Ränder bepflanzte man mit Bäumen, deren Wurzeln die künstlichen Inseln im Seeboden verankerten.**

▼ **Fruchtbarer schwarzer Schlamm wurde vom Boden des Sees hochgeholt. Man verteilte ihn auf den Binsenmatten und ließ ihn hart werden. Die Chinampas waren sehr fruchtbar, mußten aber sorgfältig bearbeitet werden.**

Tenochtitlán wurde eine betriebsame Stadt mit rund 300 000 Einwohnern. Sie war größer als jede andere Stadt der Welt zu dieser Zeit. Als die Spanier 1520 kamen, waren sie von Tenochtitláns Schönheit und Sauberkeit beeindruckt.

Der Große Pyramidentempel

Die Azteken glaubten, daß der Sonnengott Blut aus Menschenherzen brauchte, um sich zu stärken. Ohne Blut würde die Sonne sterben und die Welt untergehen. Darum hielt man Menschenopfer für notwendig. Der Große Pyramidentempel war das wichtigste religiöse Bauwerk in Tenochtitlán.

Die Azteken waren ein kriegerisches Volk. Knaben wurden zu Kriegern erzogen und Gefangene den Göttern geopfert. Je mehr Gefangene ein Krieger machte, desto reicher und mächtiger wurde er. Wem es nicht gelang, Gefangene mitzubringen, fiel in Ungnade. Unterworfene Stämme mußten dem Aztekenherrscher Tribut zahlen. Die meisten Krieger kehrten nach einem Kriegszug wieder zu ihrer Arbeit als Bauern, Handwerker oder Kaufleute zurück.

Federschild

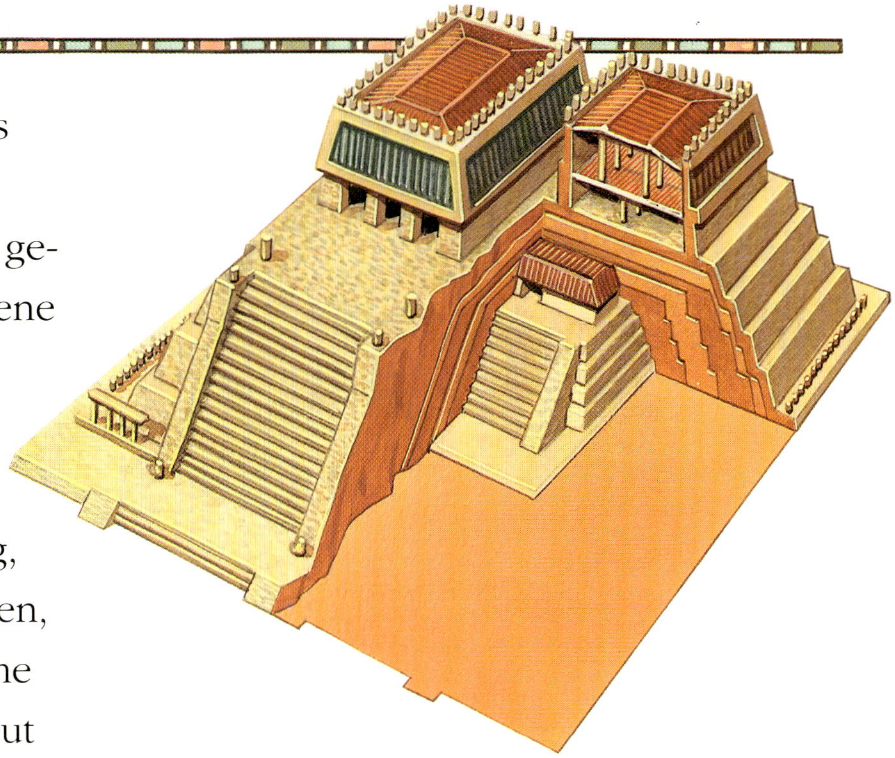

Sieben Tempel
Die große Stufenpryamide lag im Zentrum des heiligen Bezirks in Tenochtitlán. Auf ihrer Spitze standen die beiden Tempel, die dem Sonnen- und Kriegsgott Huitzilopochtli und dem Regengott Tlaloc geweiht waren. Hier fanden die grausamen Zeremonien der Azteken, zu denen auch Menschenopfer gehörten, statt. Priester töteten die Opfer auf dem Altar auf der Spitze der Pyramide. Sechs frühere Pyramiden wurden unter der von den Spaniern zerstörten gefunden. Jeder neue Tempel übertraf den Tempel, den er ersetzte, an Pracht.

Krieger und Priester
Die Adler- und Jaguarritter waren die führenden Krieger und entstammten der Adelsschicht. Das traf auch auf die Priester zu. Einige Handwerker genossen hohes Ansehen, vor allem diejenigen, die Gold und Federn verarbeiteten. Kaufleute hatten Einfluß, waren aber wenig geachtet. Einfache Arbeiter gehörten der untersten Klasse an.

Die Moche-Kultur

Im Nordwesten Südamerikas errichteten andere Hochkulturen gewaltige, an der Spitze abgeflachte Stufenpyramiden und Grabhügel. Es waren die Kulturen von Chavín, Nasca, Moche und der Inka. Die Moche-Leute lebten an der nördlichen Küste des heutigen Peru. Sie legten ein hervorragendes Bewässerungssystem an, mit dem sie alles Ackerland in den Tälern nutzen konnten. Die Mais- und Baumwollfelder wurden mit Guano fruchtbar gemacht, einem aus Seevogelmist bestehenden Düngemittel.

▲ Für die Herstellung der luftgetrockneten Lehmziegel wurden Erde, Wasser und Weizenspreu in flache Mulden gefüllt und dann von Arbeitern mit den Füßen vermischt. Der Spreu verstärkte den Lehm und machte ihn haltbarer.

▲ Die Lehmziegel wurden in Holzkästen geformt, die oben und unten offen waren und immer wieder verwendet werden konnten. Die Ziegel trockneten in der Sonne und wurden steinhart.

▲ Die Moche-Leute kannten sich in der Töpferkunst aus. Ihre schönsten Tongefäße stellen Menschen und Tiere aus ihrer Umgebung dar. Sie verraten uns viel über das Alltagsleben und das Aussehen der Menschen.

Die Nasca-Kultur

Die Nasca lebten im Süden von Peru. Sie stellten farbenprächtige Gewebe her. Vor allem aber erinnern an sie die geheimnisvollen „Linien“ – riesenhaften Bodenbilder von Tieren und Pflanzen, die in die Wüstenpampa eingescharrt wurden.

Die Moche-Leute waren Landbauern, Fischer und Händler. Sie kannten keine Schrift, waren aber ausgezeichnete Handwerker und Baumeister. Ihre Bauten errichteten sie aus rechteckigen, luftgetrockneten Lehmziegeln, Adobes genannt. Lehmziegel werden in vielen Trockengebieten der Erde als Baustoff verwendet. Die größte Moche-Pyramide war die Sonnenpyramide. Sie ragte 41 Meter in die Höhe und bestand aus 143 Millionen Lehmziegeln. Die kleinere Mondpyramide war aus über 50 Millionen Ziegeln gebaut.

▶ Die Moche-Handwerker bearbeiteten Kupfer, Gold und Silber. Diese kleine Figur aus Gold, Silber und Türkisen stellt einen Kriegsherrn dar und wurde als Nasenschmuck getragen. Man fand sie bei der Ausgrabung einer Grabstätte in der Nähe von Sipán.

Die Pyramide von Sipán

Vor einer Zeremonie wurde ein Moche-Fürst festlich geschmückt. Wir wissen das, weil die Fürsten von Sipán mit Prunkgewändern und prächtigem Schmuck bestattet wurden. Zwei ihrer Gräber fand man unter einer Plattform in der Nähe der Pyramide von Sipán.

◀ Die Lehmziegel überstanden in der Regel Jahrhunderte. Doch vor dreihundert Jahren leiteten spanische Schatzsucher einen Fluß so um, daß seine Fluten eine Ecke der Sonnenpyramide fortspülten. Sie suchten vergeblich nach Gold, denn die Pyramide war massiv gebaut.

Die Inka

Das Inka-Reich im Nordwesten Südamerikas stand von 1438 bis 1532 in Hochblüte. Die Herrscher, die Sapa-Inka, galten als direkte Nachkommen der Sonne. Nur sie durften ihre Schwestern heiraten. Adlige königlichen Bluts und andere Vornehme, die die gleichen Privilegien besaßen, bildeten den Hochadel. Unter ihnen stand der niedrige Adel, der die Beamten umfaßte, und dann kam die Masse des Bauernvolkes. In der Inka-Gesellschaft mußte jeder einzelne nach seinem Rang, seinem Alter und seinen Fähigkeiten arbeiten und einen Beitrag zum Gemeinwohl leisten. Wer in Not geriet, wurde vom Staat versorgt.

Mauerbau
Die Mauern der Inka waren Maßarbeit. Die großen, vieleckigen Steinquader für Mauern und Terrassen wurden sehr genau behauen und ohne Mörtel aneinandergepaßt. Für Paläste und Tempel verwendete man rechteckige Steinblöcke in regelmäßigen Schichten. Die Quader wurden mit einem Steinhammer behauen und mit Sand und Wasser poliert.

Die Quipu
Die Inka kannten keine Schrift. Man rechnete mit Hilfe von farbigen Knotenschnüren, Quipu genannt. Jede Schnüre und jeder Knoten entsprach einem Gegenstand und einer Zahl. Läufer trugen die Quipus durch das ganze Reich.

Durch Wüsten, Gebirge und Regenwälder des Inka-Reiches führte ein hervorragend ausgebautes Straßennetz. Das meiste Ackerland lag in den Anden, wo die Inka an den Hängen flache, bewässerte Terrassenfelder anlegten, auf denen sie Mais und Kartoffeln anbauten. Im Bergbau wurden große Mengen von Kupfer, Gold und Silber gewonnen.

Der Sonnentempel

Der Sonnentempel stand auf einer Stufenplattform in der südöstlichen Ecke der Hauptstadt Cuzco. Er war das wichtigste Heiligtum des Reiches. In einem Tempel, dessen Innenwände mit goldenen Platten behangen waren, stand eine riesige goldene Scheibe, die den Sonnengott darstellte, von dem die Inka-Herrscher abstammten. Im Hof waren goldene Figuren von Pflanzen und Lamas aufgestellt.

Pyramiden in aller Welt

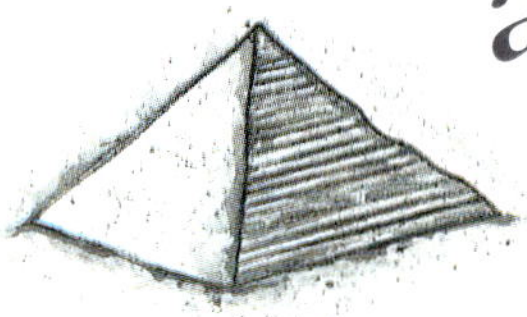

Auch in anderen Kulturen wurde die Pyramidenform in der Baukunst verwendet, doch meist nicht für Grabmäler. Die Menschen im alten Mesopotamien zwischen Euphrat und Tigris, dem Gebiet des heutigen Irak, bauten mit Vorliebe mehrstufige Tempelterrassen. Da Bausteine und gutes Holz knapp waren, nahmen sie luftgetrocknete Lehmziegel.

Assyrien
Die Assyrer lebten im Norden Mesopotamiens. Im 7. Jahrhundert v. Chr. begannen sie mit der Eroberung ihres Großreiches und herrschten in dem Gebiet bis 614 v. Chr. Wie ihre Nachbarvölker bauten auch die Assyrer gewaltige Zikkurats zu Ehren ihrer Götter. Diese eindrucksvolle Zikkurat mit sieben verschiedenfarbigen Stufen stand in Khorsabad. Sie war über 40 Meter hoch. König Sargon II. (721-701 v. Chr.) erbaute Khorsabad als neue Residenz für sein Reich, doch er starb schon bald, nachdem sie fertiggestellt war. Die Stadt wurde nach ihm wieder verlassen und verfiel.

Sumer
Die Sumerer, die ersten Bewohner Südmesopotamiens, bauten Tempel auf flachen Terrassen. Wurden neue Tempel gebraucht, errichtete man sie auf den Überresten der alten, so daß die unteren Terrassen immer größer wurden. So entwickelten sich in Sumer nach und nach mehrstufige Tempelterrasen, die Zikkurats. Die obersten Heiligtümer wurden im Vergleich zu den riesigen Zikkurats immer kleiner. Diese einer Stufenpyramide ähnliche Zikkurat stand um 2000 v. Chr. in Ur.

Nubien
Als das Neue Reich in Ägypten endete, erlangte Nubien seine Unabhängigkeit und wurde von seinen eigenen Königen regiert. Die Könige übernahmen die überlieferten ägyptischen Bestattungsbräuche und errichteten Pyramidengräber für sich und ihre Familien in El Kurru und Nuri. Die Pyramiden wurden aus dem Sandstein ihres Landes erbaut und hatten steile Seitenflächen. Die Grabkammern waren in den darunterliegenden Fels gehauen. Einige waren mit Wandmalereien im ägyptischen Stil ausgeschmückt.

Babylon

Die Babylonier kamen um 2000 v. Chr. in Mesopotamien an die Macht. Sie übernahmen die alten Vorstellungen der Sumerer und bauten Zikkurats. Hier ist Babylons große Zikkurat, die Etemenanki, abgebildet. Sie wurde im Neuen Reich (625–539 v. Chr.) nach teilweisem Zerfall prachtvoll wiederaufgebaut, um zum Mittelpunkt Babylons zu werden. Rund 200 000 Einwohner drängten sich in der Stadt zu ihrer Blütezeit. Die Zikkurat war etwa 100 Meter hoch und könnte als Vorlage für den biblischen Bericht vom Babylonischen Turm gedient haben.

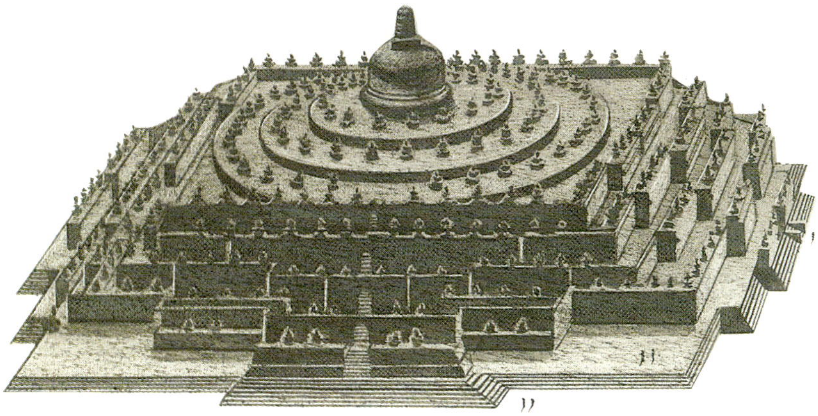

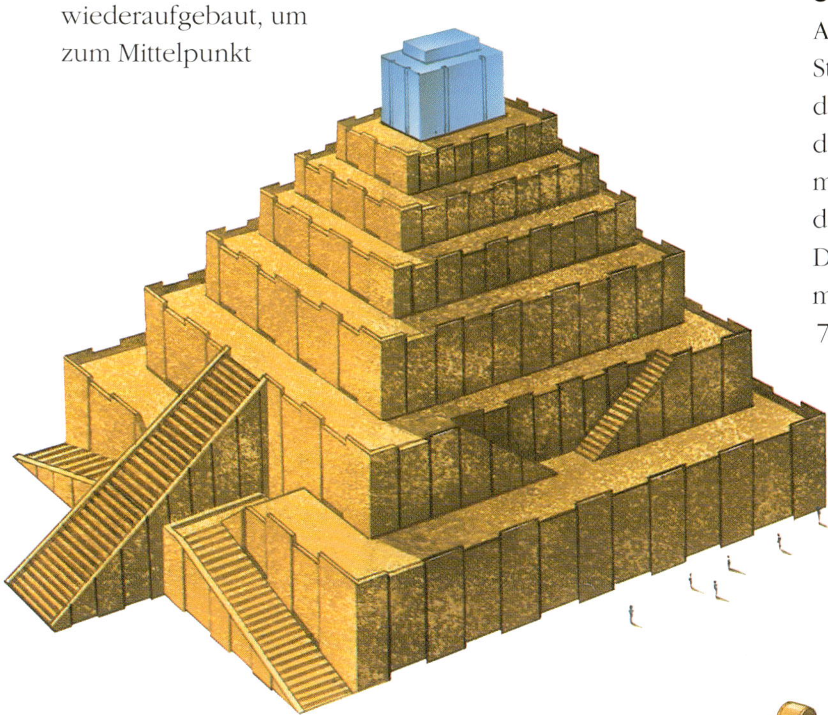

Java

Aus mehr als einer Million Steinblöcken wurde Borobudur auf Java errichtet. Auf dem 113 Meter im Quadrat messenden Sockel erhebt sich das Bauwerk in fünf Stufen. Darüber folgen drei kreisförmige Terrassen, auf denen 72 Stupas mit Buddhastatuen stehen. Die Pyramide ist von einem mächtigen, glockenförmigen Stupa gekrönt. Die verschiedenen Stufen stehen für Vorstellungen im buddhistischen Glauben. Der Tempel symbolisiert das Weltall und auch einen heiligen Berg in Südostasien, der als Mittelpunkt der Welt gilt. Zu diesem Heiligtum kommen die Gläubigen, um zu meditieren und an religiösen Zeremonien teilzunehmen.

Rom

Viele Völker waren vom alten Ägypten, seinen Bauwerken und seiner langen Geschichte beeindruckt. Die Römer hatte darüber hinaus die Frömmigkeit der Ägypter beeindruckt. Der Kult der Göttin Isis verbreitete sich über das römische Kaiserreich bis an den Limes in Germanien! Dieses Interesse der Römer an Ägypten erklärt vielleicht, warum in Rom ein Grabmal in Pyramidenform errichtet wurde. Im 19. Jahrhundert erwachte das Interesse der Europäer an Ägypten erneut. Immer mehr Leute reisten in das Land der Pharaonen, um die Pyramiden zu bestaunen. Nach der Heimkehr ließ manch einer sich ein Grabmal in Pyramidenform errichten.

Birma

Dhammayangyi ist einer von vielen buddhistischen Tempeln in Pagan in Birma. König Anoratha (1169-1174) hatte seinen Vater, seinen Bruder und seine Gemahlin getötet und als Buße einen Tempel errichtet. Den Architekten ließ er töten, damit dieser nie wieder ein vergleichbares Bauwerk schaffen konnte. Der Tempel ist quadratisch um einen Mittelpfeiler erbaut. Der Bau aus gebrannten Ziegelsteinen wurde ein Meisterwerk – vielleicht, weil Anoratha jedem Maurer, der nicht sorgfältig genug arbeitete, die Hände abhacken ließ!

Pyramidenkraft

Pyramiden werden seit über hundert Jahren von Archäologen erforscht, und noch immer entdeckt man Neues. Sie geben Anlaß zu vielen merkwürdigen Theorien und absurden Vorstellungen. In der modernen Werbung hat man erkannt, daß an der Pyramidenform etwas Besonderes zu sein scheint und setzt sie vielfältig ein.

▲ Im Jahre 1993 fuhr dieser winzige Roboter in einen engen Gang in der Großen Pyramide von Gisa und entdeckte an seinem Ende eine versiegelte Öffnung.

Eine neue Pyramide nach 3000 Jahren!
Diese elegante und moderne Version einer Pyramide wurde als Denkmal für den ägyptischen Staatspräsidenten Sadat und den Unbekannten Soldaten errichtet. Die Seitenflächen sind ganz mit Texten aus dem Koran bedeckt.

Transamerika-Pyramide
Viele moderne Architekten in aller Welt haben die Pyramidenform für ihre Bauten aufgegriffen. Mit modernen Baumaterialien wie Glas und Stahl schufen sie sehr eindrucksvolle Abwandlungen. In San Francisco in den USA beherrscht die Transamerika-Pyramide das Stadtbild. Die Pyramidenform des Wolkenkratzers soll den häufigen Erdbeben in diesem Gebiet widerstehen. Die Pyramide wurde 1970 gebaut. Sie ist 257 Meter hoch.

Theorien über Pyramiden

Im Mittelalter glaubten manche Leute, die Pyramiden seien die Kornspeicher Josefs gewesen. Eine Geschichte in der Bibel erzählt, wie Josef in Ägypten eine Hungersnot voraussagte und dem Pharao riet, Getreide für die Jahre der Not zu speichern. Andere glaubten, daß die Pyramiden Orte waren, wo Priester die Sterne beobachteten. Im 19. Jahrhundert schrieben manche den Pyramiden magische Kräfte zu und glaubten, man könne sie zur Zukunftsdeutung nutzen. Einige moderne Theoretiker behaupten auch, daß Besucher von anderen Planeten am Bau der Pyramiden von Gisa beteiligt waren!

Die Louvre-Pyramide

Die Seitenflächen der Glaspyramide, die als Eingang vor dem Louvre-Museum in Paris steht, haben den gleichen Neigungswinkel wie die Große Pyramide. Manche finden, daß die Pyramide nicht zur Architektur des Renaissance-Palastes paßt.

Sternverbindungen

Wissenschaftliche Untersuchungen haben gezeigt, daß zwei enge Gänge in der Großen Pyramide auf den Polarstern zeigen. Ein dritter weist auf Orion und ein vierter auf Sirius.

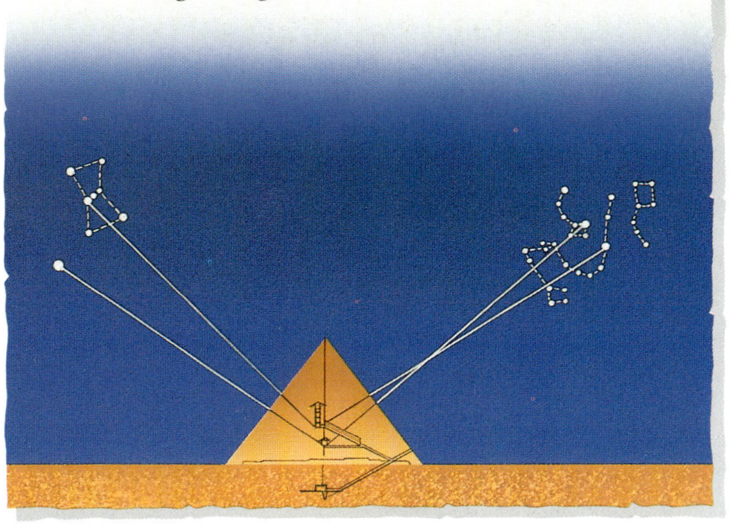

Canary-Wharf-Turm

Zu den imposanten neuen Gebäuden in den Londoner Docklands, wo einst Schiffe aus aller Welt lagen, gehört der 50stöckige Wolkenkratzer auf der Canary Wharf, dem Gelände einer der stillgelegten Werften der Stadt. Der pfeilerartige Turm, dessen Spitze eine Pyramide krönt, ähnelt einem gigantischen Obelisken. Der Wolkenkratzer ist höher als alle anderen in London.

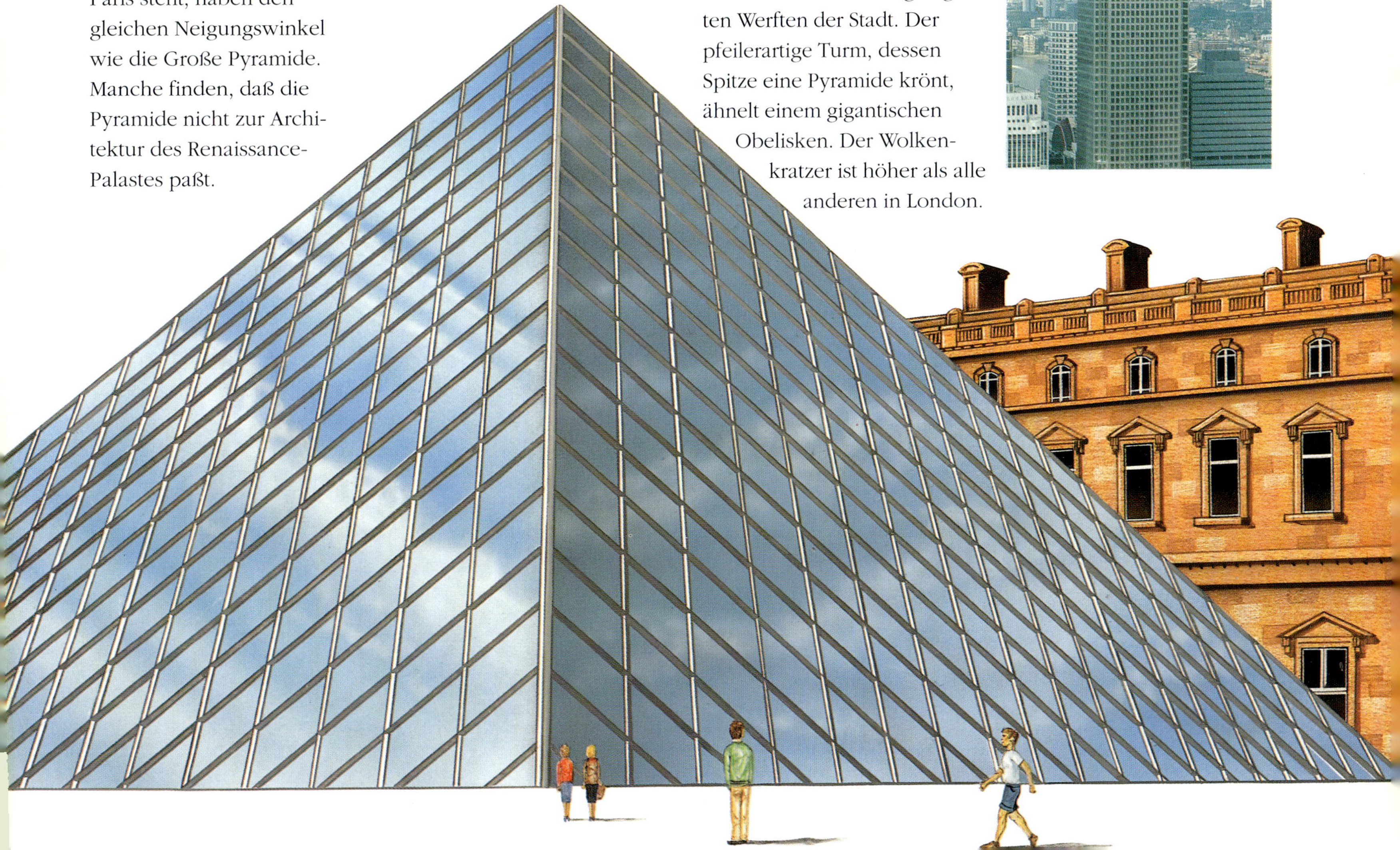

Glossar

Adobe Luftgetrockneter Lehmziegel, in Mittel- und Südamerika zum Hausbau verwendet.

Amulett Ein Gegenstand, der am Körper getragen wird, um Unheil abzuwehren oder um als eine Art Zaubermittel Glück zu bringen.

Archäologe Wissenschaftler, der die Geschichte alter Völker mit Hilfe von Ausgrabungen der Überreste ihrer Bauwerke oder Funden von Werkzeugen und anderen Gegenständen erforscht.

Architekt Der Baufachmann, der ein Bauwerk entwirft, plant und die Ausführung überwacht.

Astronomie Die Wissenschaft von den Sternen und Planeten.

Chinampas Künstliche Inseln im Texcoco-See, die von den Azteken aus Zweigen, Binsen und Schlamm angelegt wurden und auf denen sie Gemüse und Obst anbauten.

Deich Hoher Erdwall, oft mit einem Graben an einer Seite, der ein Dorf oder Land vor Überschwemmung retten sollte.

Diorit Ein sehr harter, schwarzweiß gesprenkelter Stein, der für Skulpturen verwendet wurde.

Dynastie Herrscherfolge aus einer Familie. Im alten Ägypten gab es 31 Dynastien.

Einbalsamieren Einen Leichnam vor der Verwesung schützen.

KANOPEN-KRÜGE

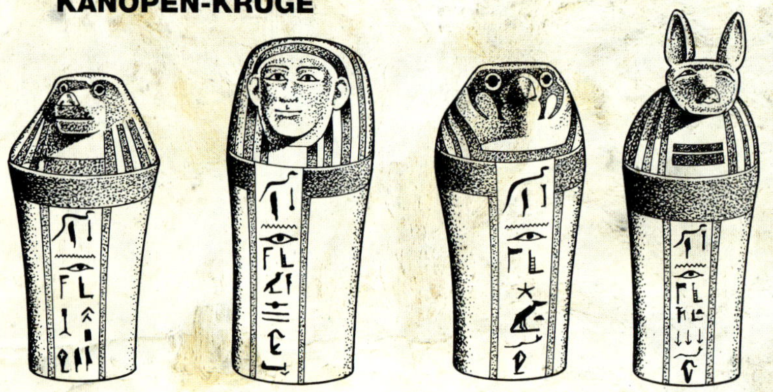

Pavian **Mensch** **Falke** **Schakal**

KARTUSCHE

Geißel Zeichen der Königsmacht (zusammen mit dem Hirtenstab). Ein hölzerner Griff mit drei Perlenschnüren.

Grabbeigaben Dinge, die dem Toten ins Grab mitgegeben wurden, damit er im jenseitigen Leben nichts entbehren mußte.

Granit Ein sehr hartes Gestein, das in Ägypten in der Umgebung von Assuan vorkommt. Seine Farbe ist Rosa oder Grau mit glänzenden Kristallen.

Guano Dünger aus dem Kot von Seevögeln, die auf den Guano-Inseln vor den Küsten Südamerikas nisten.

SÄULEN

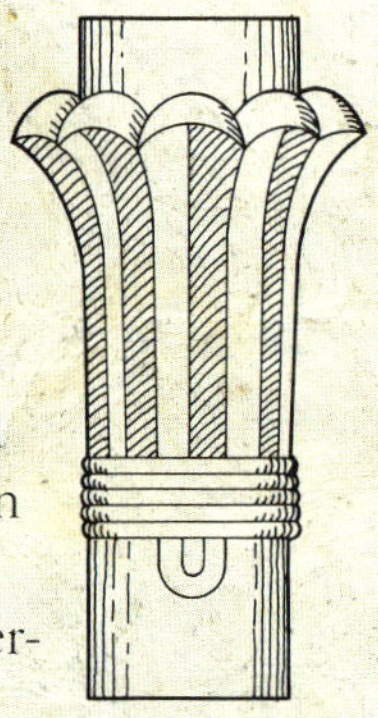

Palmsäule

Harz Klebrige Substanz, die aus den Stämmen und Ästen von Bäumen austritt und beim Einbalsamieren verwendet wurde.

Hieroglyphen Bild- und Lautzeichen

Hirtenstab Zeichen der Königsmacht (zusammen mit der Geißel)

Inka Der oberste Inka, dessen Stellung mit der eines Kaisers vergleichbar war.

Jade Ein harter, grüner Stein

Jaguar Großkatze mit geflecktem Fell. Er lebt in Mittel- und Südamerika und ist ein Raubtier.

Jenseits Der Ort, an den die Verstorbenen eingehen.

Kalkstein Ein weißes Gestein, das sich leicht gewinnen und schneiden läßt. Die ägyptischen Pyramiden wurden aus Kalksteinblöcken erbaut.

Kanopen Krüge, in denen die inneren Organe einer ägyptischen Mumie aufbewahrt wurden. Im Mittleren Reich hatten die Deckel die Form von Menschenköpfen; im Neuen Reich waren die Deckelfiguren die Köpfe der vier Horus-Kinder: Menschen-, Pavian-, Schakal- und Falkenkopf.

Kartusche Ein ovaler, um den Namen eines Königs oder einer Königin gezogener Ring. Beruht auf dem Hieroglyphen für Schutz.

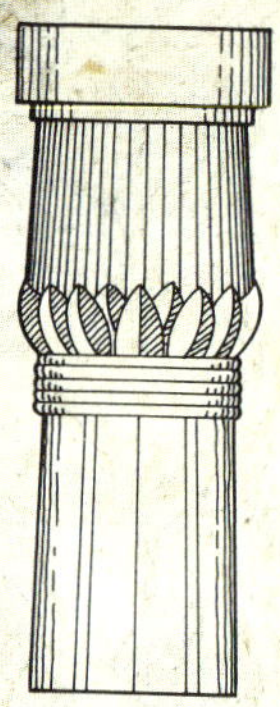

Papyrusbündel-Säule

Kohl Eine schwarze Farbe, mit der im alten Ägypten die Augen ummalt wurden.

Kult An feste Formen gebundene religiöse Handlungen.

Meißel Werkzeug mit gerader, scharfer Schneide zum Bearbeiten von Holz und Stein.

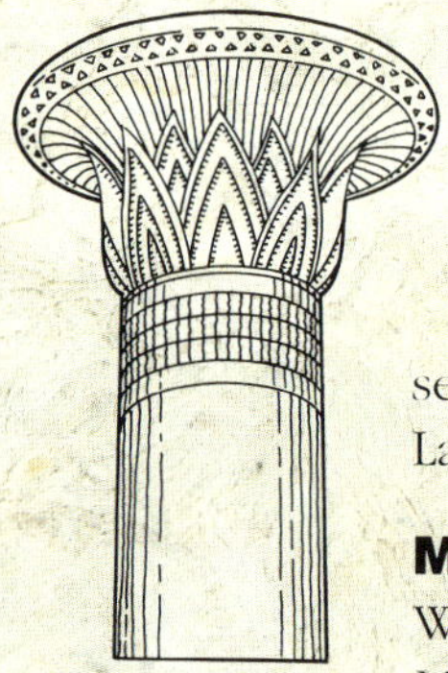

geöffnete Papyrusdolden-Säule

Lama Höckerloses Kamel, das in Südamerika wegen seiner feinen Wolle und als Lasttier gehalten wird.

Mastaba Ein arabisches Wort, das „Bank“ bedeutet. Mit diesem modernen Wort bezeichnet man bestimmte Grabanlagen in Gisa und Sakkara, die eine rechteckige Form haben.

Meteorit Gesteinsbrocken, der aus dem Weltall auf die Erde auftrifft.

Mumie Der konservierte Körper eines Toten. Das Wort kommt von arabisch *mumiya* für Pech. Einige Mumien waren schwarz geworden, darum glaubte man, sie seien in Pech getaucht worden.

Mundöffnung Wesentlicher Teil des altägyptischen Totendienstes. Zeremonie, bei der Priester alle Öffnungen des Kopfes mit einem Dechsel, einem gekrümmten Werkzeug, berührten, um dem Toten wieder Lebenskräfte einzuführen.

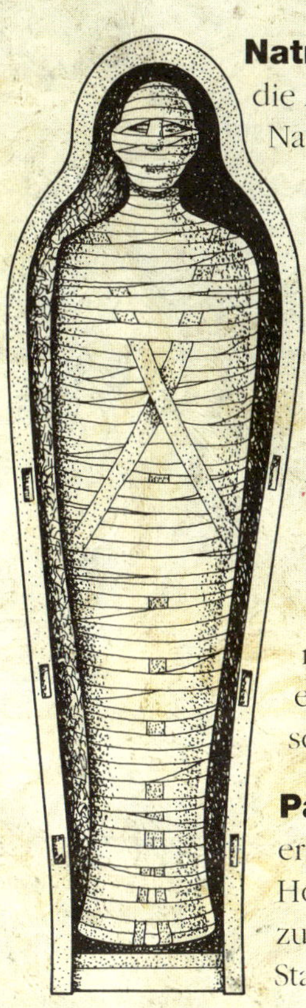

MUMIE

Natron Ein Salz, das die Ägypter im Wadi el Natrun abbauten.

Obelisk Rechteckiger Pfeiler, dessen Spitze die Form einer Pyramide hat.

Opfergaben Speisen, Getränke, Kerzen und andere Dinge, die man an das Grab verstorbener Verwandter oder eines toten Herrschers brachte.

Palisade Eine Mauer aus zugespitzten Holzpfählen, die oft zur Verteidigung einer Stadt angelegt wurde.

Papyrus Ein hohes Gras. Die Ägypter schnitten es in Streifen, legten diese kreuzweise übereinander und stellten so ein Schreibmaterial her.

Pharao Das Wort ist vom ägyptischen per a'a „Großes Haus" abgeleitet. Es bezeichnete zunächst nur den Palast und erst später auch den König.

Quipu Ein altes Zählsystem der Inka mit verschiedenfarbigen Schnüren, in die man Knoten machte.

Rampe Ansteigender Aufweg vom Erdboden zu einem höher gelegenen Teil eines Bauwerks.

Relief Aus einer Wandfläche erhöht herausgearbeitetes Bild.

Ritual Religiöser, nach festgelegten Regeln ausgeführter Brauch.

Sarkophag Äußerer Sarg aus Stein, in den ein hölzerner Sarg gelegt wurde.

Säule Senkrechte Stütze eines Bauwerks, die auch frei stehen und dekorativen Zwecken dienen kann.

PHARAO

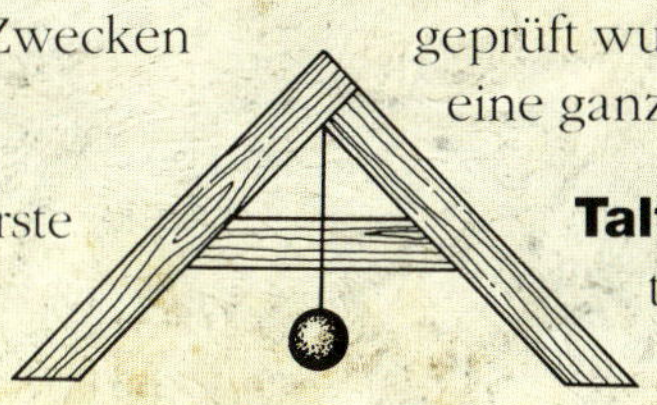

SENKBLEI

Schlußstein Der oberste Stein einer Pyramide, oft selbst pyramidenförmig.

Schreiber In der Antike jemand, der schreiben konnte. Er kopierte Dokumente und schrieb für andere Briefe.

SAPA-INKA

Schrein Ort, an dem eine Götterstatue oder eine Reliquie aufbewahrt wurde.

Sphinx Eine Form der Darstellung des ägyptischen Sonnengottes. Er hatte einen Löwenkörper und den Kopf des regierenden Herrschers oder eines Widders. Die Sphinx von Gisa zeigte das Antlitz des Königs Chephren.

Stele Eine aufrecht stehende Steinplatte, in die Inschriften und manchmal auch Bilder geritzt waren.

Stupa Ein buddhistisches Bauwerk, das eine Statue Buddhas oder eine Reliquie beherbergt.

Sedfest Ägyptisches Jubiläumsfest, das 30 Jahre nach Regierungsantritt eines Herrschers gefeiert wurde und bei dem dieser mit einem Lauf symbolisch seine ungebrochenen Kräfte bewies.

Senkblei An einem Faden hängendes Gewicht, mit dem geprüft wurde, ob ein Steinblock oder eine ganze Mauer gerade waren.

Taltempel Teil einer ägyptischen Pyramidenanlage, meist dort gelegen, wo fruchtbares Land und Wüste aneinandergrenzen. Der Leichnam eines Königs wurde dort für die Bestattung vorbereitet.

Terrasse Stufenförmig angelegte, waagerechte Fläche an einem Hang.

Tierkreis Die zwölf Abschnitte, in die antike Völker den Himmel einteilten und von denen jeder nach einem Sternbild benannt ist.

Totenbuch Die auf eine Papyrusrolle geschriebene Sammlung religiöser Sprüche wurde in oder neben den Sarg gelegt. Sie war sowohl für gewöhnliche Tote wie für Könige gedacht und sollte dem Verstorbenen helfen, die Gefahren im Jenseits zu bestehen und sicher ins Reich des Osiris zu gelangen.

Totentempel In einer altägyptischen Pyramidenanlage der Ort, wo der Seele des Königs täglich Opfergaben dargebracht wurden.

TALTEMPEL

Tribut Von einem besiegten Volk an den Sieger geleistete Zahlung.

Ummantelung Die Verkleidung einer Pyramide mit Kalksteinblöcken, die die Steine darunter verbargen.

Zikkurat Name der im alten Mesopotamien gebauten, stufenförmigen Tempelpyramiden.

Index

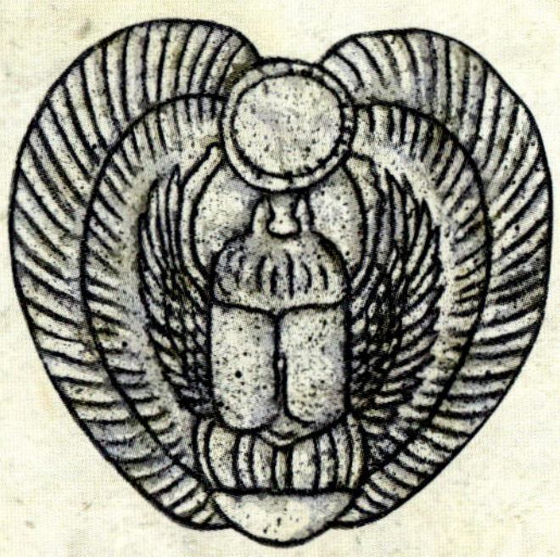

N

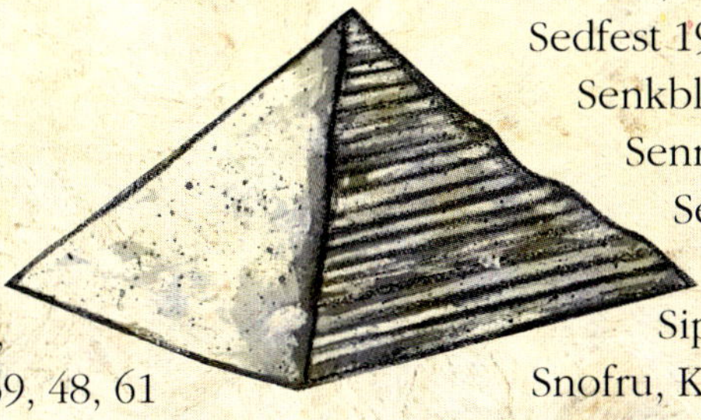

O

P

Q

R

S

T

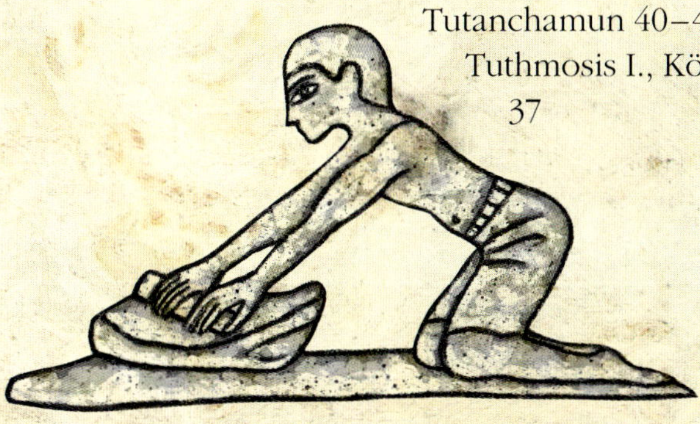

U

W

Z

Bildnachweis

Der Verlag dankt folgenden Illustratoren:
für die Mitarbeit an diesem Buch:

Julian Baker 17 *r,* 18–19 *o,* 20 *o,* 20–21 *m,* 22 *ul,* 26 *o,* 31 *or,* 49 *or,* 51 *or;* **Vanessa Cxard** 8, 14–15 *u,* 26–27 (Kartuschen) 34 *ul, or,* 40 *ur,* 44 *ul,* 45 *or;* **Peter Dennis** (Linda Rogers Associates), 4–5, 4–6 *m/u,* 16–17, 18–19 *u,* 24–25 *u,* 46–47; **Francesca D'Ottavi** 9, 10, 30–31 *m,* 50–51; **Terry Gabbey** (Asscoiated Freelance Artists Ltd) 38–39, 42–43; **Christa Hook** (Linden Artists) 32 *ul,* 35 *or,* 44 *ol,* 49 *ol,* 54 *or/ul;* **Christian Hook** 53 *mr;* John James (Temple Rogers Artists Agency) 48; **Eddy Krähenbühl** 22 *o/m/ur;* 23, 40–41 *m,* 55; **Angus McBride** 44–45 *ur;* 52–53 *m;* **Nicki Palin** 11 *r,* 12 *ul,* 36–37; **Richard Ward** 5 *or,* 7 *or/m,* 12 *m,* 20 *m,* 21 *or,* 24 *ol,* 32 *m,* 33 *r,* 34 *m,* 35 *ol,* 37 *ur,* 43 *or,* 47 *or,* 51 *ol,* 52 *ul/ur,* 53 *or;* **Studio Boni Galante** (Virgil Pomfret Agency) 26–27 *m,* 32–33 *o;* **Ian Thompson** 56–57, 58 *ml/or,* 59 *or/u;* **Shirley Tourret** (B L Kearley Ltd) 30 *ol/ul,* 21 *ur;* **Andrew Wheatcroft** (Virgil Pomfret Agency) 12–13, 14 *o,* 15 *o,* 28–29;

Seitensymbole von Vanessa Card
Kopf- und Fußleiste von John Lobban (B L Kearley Ltd)

Der Verlag dankt für die Bereitstellung
von Fotos für dieses Buch:

Seite 6 ZEFA
15 & 19 *o* Ancient Art & Architecture Collection
19 *o* & 24 Peter Clayton
27 G Dagli Orti
29 & 35 Michael Holford
38 Peter Clayton
49 ZEFA
41 *ol* & 41 *om* ZEFA; 41 *mr* British Museum
47 G Dagli Orti
58 Anne Millard
58–59 Ancient Art & Architecture Collection
59 ZEFA